検察を支配する「悪魔」

田原総一朗
元特捜検事・弁護士
田中森一

講談社

まえがき——「法の番人」ではなく「真実の番人」であろうとしたために（田原総一朗）

田《た》中森一《なかもりかず》と長時間、向き合って話していて、ひとつ感じたことがある。田中は「法の番人」であろうとするより、「真実の番人」であろうとしたのではないか。

田中は吐き捨てるように私に言った。

「被疑者の心のありようを映し出すのが検事の調書だ。取り調べもしていない上の人間が、被疑者の供述を無視して、自分たちの都合のよいストーリーに勝手に書き換えるなどということが許されてよいはずがない」

人が殺されたという事実があった。この場合、殺した人間の心のありようで罪は決まる。同じ、人を轢《ひ》き殺したという事実でも、殺意があれば殺人罪だが、運転を誤った結果なら過失致死にしか問われない。この心のありようは、本人にしかわからない。

言い換えれば、田中検事は、被疑者だけが知りうる真実を懸命に追及してきた。ならば、詐欺容疑で逮捕された許永中《きょえいちゅう》に連座し、甘んじて有罪判決を受けたのも理解できる。

田中は、自分の裁判は、「永中の事件とは分離して臨めば、無罪を勝ち取れる可能性がもっと高かった」と言う。だが、あえて永中と共に闘った。永中は石橋産業に対して詐欺を働いていないと主張している。永中の心のなかにある真実を、田中は裏切れなかったのだ。

佐藤優《さとうまさる》を思い出した。

「外務省の幹部たちが言ったように、佐藤さんも、『やりたくはなかった。だけど鈴木宗男《すずきむねお》が怖くてやりました』と、鈴木さんのせいにすれば、佐藤さんは無罪放免になったのではないですか」と私が問うと、佐藤は、「その通りです。だけど、鈴木宗男という政治家をロシアに紹介した日本の外交官に対する信用が落ちる。一切、今後、ロシア人は日本の外交官を信じなくなる。日本の外交官の信用のために僕は沈んでよいのだ、と覚悟を決めたのです」と答えた。

田中と佐藤はどこか二重写しになるところがある。

佐藤は検察と鈴木宗男を「きれいなタカ」と「汚いハト」になぞらえ、「汚いハトを駆逐して、きれいなタカの時代にする。これが国策捜査の大義名分なんですよ」と皮肉を込めて話した。

「闇社会の守護神」田中森一も、きれいなタカに狙われた汚いハトなのだろう。

田中が真実の番人であろうとしてきたとするならば、彼が検事の職を辞した理由も理解できる。

検察にも真実はある。しかし、昨今の検察の真実は、田中の考える真実とは相容れなかった。

検察は自らの真実のみを押し通すために、事実をもねじ曲げるようになった。佐藤の言葉を借りれば、「汚いハトを駆逐し、きれいなタカの時代をつくるため」に……。

事実を媒介に、相手の心のなかに真実を見ようとする田中は、検察の論理と自分の間にあった乖離《かいり》に絶えられず、検察庁を去ったのだろう。

佐藤の取り調べにあたった西村尚芳《にしむらひさよし》検事は、幾度も「時代のけじめ」という言葉を口にし、旧大蔵省の汚職事件に話題が及ぶと、「検察は一般国民の目で判断するんだ。大蔵に行きすぎがあったんだ」と口にし、「うちが大蔵を挙げなければ、金融と財政の分離もなかったし、大蔵省の財務省への再編もなかったぜ。大蔵の機能を転換するために、あの国策捜査はひとつの『時代のけじめ』をつけたんだ」と言い放った。

私はその話を聞いて空恐ろしさを禁じ得なかった。

田中流に言えば、「検察にとって我が内なる真実は国民の真実である。ゆえに、我々がこうあるべきと考える社会と時代を、我々の手で創り出すのだ」という傲慢《ごうまん》が感じられたからだ。

検察は最強の捜査機関である。その気になれば、国策捜査の名の下《もと》に邪魔なハトをすべて駆逐し、自らが考える時代をつくりあげられるだけの強大な権力を有している。

もし、その暴走を抑止できる存在があるとすれば、それは我々メディアだろう。ところが、多くのメディアは、検察に繰られ、むしろ、灰色のハトも白いハトも悪の権化《ごんげ》にしたてあげる役割を買って出ている。新聞各社は情報欲しさに検察におもねり、司法記者は一切批判的な記事は書かない。

検察はリクルート事件でも、江副浩正《えぞえひろまさ》らを拷問にも等しい取り調べにかけ、ありもしない罪を供述させている。私はその経緯を克明に取材し、『正義の罠』と題して出版し、書評に取り上げてくれるよう各新聞社の懇意にしている記者に渡した。しかし、私の著書をいつも取り上げてくれる新聞社でも、この本に関しては一切無視した。

検察を戦前の特高警察にしてはならぬ。それは我々、メディアに棲む者の責務でもあるのだろう。

なお、本書に登場する人物の肩書、あるいは社名、省庁等の名前は、当時のものとさせていただいた。

二〇〇七年一一月

田原総一朗《たはらそういちろう》

目次◉検察を支配する「悪魔」

第二章　疑獄事件の全真相

第三章 絶対有罪が作られる場所

第四章　検察のタブー

第五章　癒着する地検と警察

第六章　検察の走狗となるマスコミ

第七章　検事のカネ、酒、女

第一〇章　割り屋のテクニック

第一一章　捜査線上にあがった懲りない面々

第一二章　元特捜エースが落ちた罠

検察を支配する「悪魔」

序　章　国策捜査の舞台裏

検察が守ろうとしているのは自民党なのか——田原

最近、検察批判を象徴する言葉、「国策捜査」が問題になっていますが、検察庁という組織はそもそも国の不利益になる犯罪を取り締まるべく設置された組織です。だから国策捜査にならざるを得ない。それはわかる。

ただ、国益を守るといった場合、何を指すのか、曖昧模糊《あいまいもこ》として非常にわかりにくい。具体的に検察が守ろうとしている対象が何なのか、見えてこない。

国民の権利なのか、自民党なのか、総理なのか、あるいはもっと違う、時の権力なのか。それとも現在の社会構造そのものなのか。

そこから、あれは国策捜査だ、という批判も生まれている。時の権力、わかりやすく言えば、自民党の実力者に捜査の手が伸びる可能性が出てくると、国策捜査の名の下《もと》に事件の全容解明にストップがかかる。

田中さんが検事時代、追いかけた事件では、三菱重工CB（転換社債）事件がまさにそれですね。一九八六年、三菱重工が発行した一〇〇〇億円という途方もない転換社債が、総会屋や自民党の大物政治家に流れていた。

CBは資金の調達の手段で、株と同じように市場で取り引きされ、株価と連動して価格が上下する。三菱重工のCBは、市場ができれば値上がり必至で、実際に暴騰した。それがわかっていながら、三菱重工が、巨額のCBを総会屋や大物政治家にばらまいたことは利益供与、賄《わい》賂《ろ》にあたる、少なくとも商法違反だと踏んだ田中さんが捜査を開始した。

しかし、捜査が自民党の大物代議士に及ぶとわかって、検察の上層部は弱腰になり、転換社債の割り当てを担当していた山一證券の成田芳穂副社長の自殺もあり、捜査は頓挫《とんざ》する。こういう話ですよね。

ズバリ伺いたい。検察が守ろうとしているのは、自民党なのか。

現体制維持の安全装置——田中

そもそも検察の方針の根底には国策がある。ありていに言えば、現体制との混乱を避け、その時の権力構造を維持するための捜査です。

したがって、三菱重工CB事件のように、時の権力の中枢に及びそうな事件は中途半端に終わってしまう。徹底的にやってしまうと、自民党政権や日本のトップ企業のひとつが瓦解してしまう恐れがあるからです。これを検察は極端に嫌う。

伊藤栄樹《いとうしげき》検事総長は「巨悪は眠らせない」と豪語しましたが、検察は絶対正義の番人などではない。実態から言えば、現体制維持のための安全装置です。

伊藤栄樹

僕は検事時代、経済誌や情報誌を定期購読し、情報源のひとつとしていた。三菱重工のCBに目を付けるきっかけになったのは『財界』という経済誌に掲載されていた山一證券の植谷《うえたに》久三《ひさみつ》会長のインタビュー記事でした。

山一證券は三菱重工のCB発行の幹事証券会社で、その会長が三菱重工のCBを政治家や総会屋に配っているようなニュアンスの発言をしていた。

記事を読んで、これはおもしろい、やってやろうと思いましたね。それで、まったくひとりで始めた。

といっても、当時は大阪地検から東京地検特捜部に転勤になって、まだ来て間もなく、東京の総会屋には縁がなかったので、大阪の総会屋を情報源に使った。大阪地検特捜部の刑事部で挙げた総会屋に連絡を取って。

さらに、顔なじみの大阪地検の暴力団担当検事から総会屋を紹介させて、「こういう話がある。あんたらの仲間で三菱のCBをもらった奴がいる。あまり多額だと、そいつも引っ張らなくちゃならなくなる。後で処分に困るから、ワシのさじ加減で許せる額の奴に協力してもらいたいんや」と切り出した。

協力してくれた総会屋から話を聞いて、だんだん事情が見えてきた。彼らはみんな、五〇〇〇万円以下の割り当てを受けた連中で、全員、三菱の系列の金融機関、たとえば三菱銀行からカネを借りてCBを買っていた。

CBは、二週間経ったら公開されて市場ができる。そのときは、倍の値になっている。確か一〇〇円のものが二〇六円になっていた。

五〇〇〇万円、三菱銀行から借りて山一證券に振り込むだけで、二週間経ったら五〇〇〇万円儲《もう》かるわけです。

そんな法外な利益を生み出す三菱重工が発行したCB一〇〇〇億円のうち、一〇〇億円が政治家に渡っていた。しかも、利益供与をしているのが三菱重工だから、相手は防衛関係の大物政治家。

その筆頭といえば、中曾根康弘《なかそねやすひろ》元総理だ。

噂もそうだったし、総会屋の口からも、最も高額の割り当てを受けた政治家として中曾根の名が何度もあがった。他にも二〇人もの政治家の名前が出て、そのなかには竹下登《たけしたのぼる》の名もありました。

中曾根康弘

最高検検事からかかった圧力――田中

次々と総会屋、一〇人から調書をとって準備万端、さあ、本格的に捜査を始めようとしたら、二代前の特捜部長で、最高検検事に異動していた河上和雄《かわかみかずお》から横槍が入った。

「こんなもん、事件になるかよ」と。

河上が振りかざしてきたのは法の理屈だった。後に問題になったリクルートコスモスの未公開株のように、将来一〇〇%近い値上がりが期待できるのなら、賄賂性は認定できる。しかし、CBが必ず上がるとは限らないので、賄賂にならないという理屈です。

この野郎、とカチンと来た。僕は一から自分ひとりでやった。むしろ、「ようがんばっているなあ」とエールのひとつも送ってくるのなら、良い先輩と思うけど、逆につぶしにきた。

その後は陳情の嵐です。「田中君、もう止めろよ」と、入れ替わり立ち替わり先輩がやってきて諭《さと》された。検事総長や検事長などの錚々《そうそう》たる先輩の意向を受けたと思われる大先輩の元検事も陳情に来た。

「これやられたら、うちが潰れます」と山一證券の専務もたびたびやってきて、泣きつく。当時、山一は非常に苦しい立場にありました。四大証券として生き残れるか否かの瀬戸際。三菱重工の主幹事は野村證券だったんですが、野村は汚れ仕事はやりたくない。

そこで、野村は山一にCBの割り当てを投げた。山一にしてみれば、少々汚い役でも、一〇〇〇億円のCBの割り当て手続きを担当すれば巨額の利益になる。贅沢は言っておられず、野村の依頼を受けたというわけです。

三菱重工や山一の顧問弁護士のなかには、検察庁で高い地位にまで上った先輩もいた。検察の上層部には彼らが陳情に行っているようでした。

こうなると、止めろ止めろの大合唱。でも、河上さんの法の理屈で潰されてはかなわん。「これは大事件に絶対なる。僕はやり遂げるから応援してくれ」と、当時、直属の上司だった馬場《ばば》俊行《としゆき》副部長に申し入れた。

馬場副部長も励ましてくれて、河上さんの見解に対抗するために、こちらも理論武装することになった。ふたりで白羽の矢を立てたのは、当時、法務省刑事局付の後輩検事で正義感の強かった河合《かわい》昌幸《まさゆき》です。河合に「お前、雑誌に書け」と頼み、「これは対価性があって、賄賂になる」との趣旨の論文を河合に執筆させ、『判例時報』という雑誌に載せてもらった。

同時並行で、総会屋からさらに詳しい供述を得て、いよいよ本丸に迫る段階まできました。総会屋が実際につながりのあるのは三菱重工の総務です。総務から、「あんたんところにはいくら割り当てるから」と言われる。しかし、現実に割り当て作業をしているのは山一證券だ。三菱重工から野村を経由して山一に指示が行く。その山一の責任者が成田芳穂副社長だった。政治家も総会屋も、みんな三菱重工の株付けをしてもらっているのだから、きれいに商法違反になる。野村、山一と三菱重工の総務部長くらいをぱくったら、政治家まで届くというのが僕の最初からの算段で、その手始めとして成田副社長に任意で出頭を願うことにした。

成田副社長に連絡を取ったのは、忘れもしない一九八七年の一月一五日でした。山一はこちらの動きを察知していて、前年の年末から成田さんを自宅待機させていた。「時間はかかりませんから、ちょっとご足労願えませんか」と電話したのです。

一月一五日は、当時は祝日、成人の日だったので、翌一六日の午後四時に、東京地検まで出頭するよう告げ、了解をもらった。ところが、出頭日当日の二時頃、彼は自宅でクビを吊《つ》ってしまったんです。

最高検の河上さんが否定的な見解を出す。さらには山一の担当者が自殺した。それで捜査を続けることはむずかしくなった。一番の支障となったのは成田さんの自殺だったけれど、総会屋から調書は取っているわけで、本気でやろうと思えば、総会屋と三菱の総務をやれる。

ところが、検察の上層部が、それは許してくれませんでした。検察捜査の舞台裏では、いつもこんな駆け引きが行われているのです。

第一章　やられる奴、見逃される奴

強大な権力があるにもかかわらず——田原

検察庁は日本の省庁のなかでは極めて特殊な組織ですよね。一般の省庁の場合、トップに大臣がいて、行政組織としての指揮・監督系統が明確になっている。ところが、検察組織は法務省から独立して権限を行使できる特別な機関と位置づけられていて、組織上は法務省の下にあるけれど、原則、束縛は受けない。

権限にしても、検察庁という組織よりも、検察官個人が優先されています。検察庁法では、主語は検察官。第一条では、「検察庁は、検察官の行う事務を統括するところ」と定められている。つまり、一般の省庁のように縦割りではなく、検察庁が統括するのは、検察官個人が行う事務だとしている。

また、第四条では「検察官は、刑事について、公訴を行い、裁判所に法の正当な適用を請求し」とあり、第六条では「検察官は、いかなる犯罪についても捜査することができる」と規定しています。

この検察庁法を素直に読む限り、検察官ひとりひとりが、いかなる犯罪に対しても、起訴、不起訴の権限を持ち、捜査できるとなっている。個人に認められている権限としては、極めて強大だ。

だとしたら、いくら検察の上層部が反対しても、検察官がその気になれば、いくらでも摘発できるのではないかと思えるのですが……。

行政組織の論理が働き始めるとき――田中

建て前はそうですが、実際には上がはっきりしてくれないと、検事ひとりでは何もできないのです。

たとえばちょっとしたことを何か調べる。市役所や銀行に照会書を出すにしても、上がＯＫしないとできないのが現実です。

まさに行政官庁と一緒ですよ。片方では検察庁は独立性の官庁と言われながらもね。検察独立の原則があるのは確かだが、いっぽうで「検察一体の原則」と矛盾する原則が同時並行して存在している。

組織として動くときは一体の原則なのです。単独で好き勝手にやれるわけではない。現実からすれば、検察独立の原則とか独立性の官庁というのは、内部にいた人間から見れば、一種の謳《うた》い文句に過ぎません。

上から許可が出なければ、検事なんて、そりゃあ、もう哀《あわ》れなものですよ。検事ひとりじゃあ、手も足も出ない。事件の捜査はたちまち暗礁《あんしょう》に乗り上げてしまう。

内偵段階では、いくらでも個人が自由に動けますよ。しかし、それがものになりそうだとなって、捜査チームを組むところまでいくと、個人の考えでなく、行政組織としての検察の論理が優先する。

そのときに上層部が考えることといえば、体制の維持、擁護です。

なんぼきれいごとを言っても、検察も自分の組織を守らなければならないのです。自分で自分のクビを絞めるようなマネはできない。そこで一検事としては、検察の内なる敵との戦いになるわけです。

ホリエモンは市場浄化の見せしめ——田原

検察はマッチポンプをやっているように思える。検事に火をつけさせておいて、いざ、国の中枢にいる政治家に飛び火しそうになれば、組織として水をぶっかけて消すわけだから、まさにマッチポンプそのものですよ。

ところで、体制を揺るがすような大規模な政治家の汚職事件では捜査にブレーキをかける一方で、検察はとかげの尻尾《しっぽ》切りのような捜査をする。

本当は背任罪程度の罪でも贈収賄《ぞうしゅうわい》にしたり、罪になるか疑わしい行為でも、相手によっては、罪を無理矢理でっち上げて逮捕し、悪の権化に仕立てあげる。リクルート事件の江副浩正や最近で言えば、ライブドア事件の、ホリエモンこと堀江《ほりえ》貴文《たかふみ》がいい例です。

僕はホリエモンは市場浄化の見せしめにされたんじゃないかと思っている。ホリエモンは、時代の挑戦者だった。そのホリエモンは大阪近鉄バファローズを買収しようとした。日本で最も閉鎖的な集団のひとつであったプロ野球界に風穴をあけようとしたのです。

それが、プロ野球を牛耳《ぎゅうじ》っていた古い体制の人達の反発を買って、締め出されたけれど、ホリエモンの騒動を機に、三木《みき》谷《たに》浩史《ひろし》が東北楽天ゴールデンイーグルスを、孫正義《そんまさよし》が福岡ソフトバンクホークスを経営することになった。

さらにホリエモンは免許事業で、文字通り日本に残った唯一の護送船団である放送業界にも斬り込んだ。ニッポン放送を買収し、フジテレビの経営に介入しようとした。これがまたまた古い体制側から猛反発を受けるわけです。

堀江貴文

しかし、いっぽうで若い層からは支持を受けて、時代のヒーローになった。当時、小泉純一郎《こいずみじゅんいちろう》首相が構造改革を進めていたけれど、古い体質の人達が力を持っていて、旧体制からの脱却ができず、外資にやられっぱなし。若い世代は、希望が持てない状況だった。そこに風穴をあけようとしたホリエモンが、彼らに拍手をもって迎えられた

村上世彰

のはわかるような気がします。

　でも、ホリエモンは逮捕される。当時、検察があれほどライブドア事件や、あるいは村上世彰《むらかみよしあき》事件に熱心だったのは、その裏には暴力団や政治家が絡んだ大きな犯罪が隠されていて、悪質なマネーロンダリングもあると見込んでいたからでしょう。

　しかし、実際に調べてみると、罪に問えそうなのは、「自社株売り」と「架空取引」ぐらいしかなかった。

　しかも、粉飾行為についてホリエモンは、きわめて正当な行為だと考えてやったのであって、そんな意識はまるでなかったと、一貫して主張しています。にもかかわらず、粉飾決算だとされて、懲役二年六ヵ月という実刑判決を受けた。

　過去に、旧長銀（日本長期信用銀行）、山一證券、カネボウ、ヤオハンなどが、ライブドアとは比べものにならない巨額の粉飾事件を起こしている。でも、その責任者たちは、いずれも執行猶予に終わり、日興コーディアル証券など、責任者さえ逮捕されていない。

　どう考えても、ホリエモンは検察によって市場浄化の見せしめにされたとしか思えないのですよ。国策逮捕です。ホリエモンの事件と密接なつながりがある、村上ファンドの村上世彰の逮捕にしても、同じ意味合いがあったと思う。

村上ファンドには政界のアングラマネーが——田中

ライブドア事件や村上世彰事件に関しては、僕は田原さんとちょっと違う見方なのです。確かにホリエモンの粉飾は、たいした罪じゃない。少なくともあれほど大袈裟に逮捕するほどの罪を犯しているとは思えない。

そこから、マスコミは「カネ儲《もう》けするためなら、なんでもやっていいという風潮を正すために、ホリエモンを生《い》け贄《にえ》にした」なんていう論調でしたが、検察がそんな迂遠《うえん》な動機で、立件するとは考えられません。

ニッポン放送の乗っ取り、ひいてはフジテレビへの影響力を行使しようとした。あれが検察にやる気を出させたのです。放送局は体制の一翼を担っている。ホリエモンのようなうろんな輩《やから》に天下の放送局を渡すわけにはいかないと、検察の上層部は判断したのでしょう。

結局、表には出てこなかったけれど、ホリエモンや村上が裏社会とのつながりがあったことも否定できない。ホリエモンの側近であった野口英昭《のぐちひであき》が沖縄で怪死したこともあって、一時、裏社会との関係が取りざたされた。野口の死は自殺だと思いますが、だからといって、ライブドアが裏社会とは関係なかったというわけではありません。

福井俊彦

ライブドアの幹部たちが、ある組織の現役幹部と接点を持っていたことを僕は知っている。怪情報が流れるだけの根拠はちゃんとあった。

ホリエモンや村上のやり方を見ていると、バブル時代の仕手筋の手口とひとつも変わらない。とくに村上は。「兜町《かぶとちょう》最強の仕手集団」と言われた誠備グループの加藤暠《かとうあきら》や、「兜町の帝王」と呼ばれた小谷《こたに》光浩《みつひろ》の手法と、何から何まで一緒です。

仕手戦をしかける場合、カリスマ相場師を中心とするグループが形成される。そのメンバーには世に知られる経済人や政治家も混じっている。各人が資金を出し合って、株価を吊《つ》り上げていくわけです。

彼らが狙うのは、市場ではあまり知られていない、株価の安いボロ株。安定株主がいて、浮動株が少ない銘柄です。市場で出回っている株が少なければ、市場で取り引きされている株数が読めるし、オーナー企業なら会社を死守しようと、株を買い戻しにくる。オーナー企業のボロ株なら、どう転んでも儲かります。

これがバブル期の仕手筋の典型的なやり方です。村上も同じですよ。

しかも村上が動かしていたカネは、バブル時代の仕手筋よりはるかに巨大です。バブル時代の仕手グループの資金総額は、せいぜい三〇〇億〜五〇〇億円と言われている。村上ファンドが動かしたのは、その約一〇倍にあたる四〇〇〇億円を超える巨額とされている。まとまったカネを用立てられるのは、アングラマネーしかありません。政治家や裏社会のアングラマネーが、村上ファンドに流れ込んでいたのは間違いない。

氷山の一角として日銀の福井《ふくい》俊彦《としひこ》総裁の小遣い稼ぎが露呈したけれど、あんなものじゃない。アングラマネーを使って、比べものにならないくらい大儲けしている連中がいるわけです。でも、検察はそこまでは斬り込んでいない。

引っ張って濡《ぬ》れ衣《ぎぬ》を着せるのも悪いけれど、肝心なやつは見逃す。検察の国策捜査の一番の問題点はやっぱりここにあると思います。

角栄をやり、中曾根をやらなかった理由――田原

でも、ロッキード事件はできたじゃないですか。田中角栄《たなかかくえい》は逮捕した。角栄は時の権力者ですよ。

僕はかつて雑誌『諸君！』に「田中角栄　ロッキード事件無罪論」を連載した。ロッキード事件に関しては『日本の政治　田中角栄・角栄以後』で振り返りましたが、今でも、ロッキード事件の裁判での田中角栄無罪を信じている。

田中角栄

そもそもロッキード事件はアメリカから降って湧いたもので、今でもアメリカ謀略説が根強く囁《ささや》かれている。

僕は当時、〝資源派財界人〟と呼ばれていた中山素平《なかやまそへい》日本興業銀行相談役、松根宗一大同特殊鋼相談役、今里広記《いまざとひろき》日本精工会長などから、「角栄はアメリカにやられた」という言葉を何度も聞かされた。

中曾根康弘元総理や、亡くなった渡辺《わたなべ》美智雄《みちお》、後藤田《ごとうだ》正晴《まさはる》といった政治家からも、同様の見方を聞いた。

角栄は一九七四年の石油危機を見て、資源自立の政策を進めようとする。これが、世界のエネルギーを牛耳《ぎゅうじ》っていたアメリカ政府とオイルメジャーの逆鱗《げきりん》に触れた。

このアメリカ謀略説の真偽は別にしても、検察は当時の日米関係を考慮に入れて筋書きを立てている。結果、角栄は前総理であり、自民党の最大派閥を率いる権力者だったにもかかわらず検察に捕まった。

かたや対照的なのは中曾根康弘元総理。三菱重工CB事件でも最も高額の割り当てがあったと噂されているし、リクルート事件でも多額の未公開株を譲り受けたとされた。

彼は殖産住宅事件のときからずっと疑惑を取りざたされてきた。政界がらみの汚職事件の大半に名が挙がった、いわば疑獄事件の常連だ。しかし、中曾根元総理には結局、検察の手が及ばなかった。

角栄は逮捕されて、中曾根は逮捕されない。角栄と中曾根のどこが違うのですか。冤罪《えんざい》の角栄をやれたのだから、中曾根だってやれるはずだ。

それから亀井静香《かめいしずか》。許永中との黒い噂があれほど囁かれたのに無傷に終わった。なぜ、亀井には検察の手が伸びない？

ロッキードほど簡単な事件はなかった——田中

ロッキード事件に関わったわけではないので、詳しいことはわかりませんが、検察内部で先輩たちから聞くところによると、時の権力が全面的にバックアップしてくれたので、非常にやりやすかったそうです。

主任検事だった吉永祐介《よしながゆうすけ》あたりに言わせると、「あんな簡単でやりやすい事件はなかった」——。

普通、大物政治家に絡む事件では、邪魔が入るものですが、それがないどころか、予算はふんだんにくれるわ、いろいろと便宜《べんぎ》を図ってくれるわです。三木武夫《みきたけお》総理を筆頭に、政府が全

吉永祐介

面的に協力して、お膳立てしてくれた。

ロッキード事件では超法規的な措置がいくつもある。

アメリカに行って、贈賄側とされるロッキード社のコーチャン、クラッターから調書を取れた。相手はアメリカ人だから、法的な障害がたくさんある。裁判所だけでなく、外務省をはじめとする霞が関の官庁の協力が不可欠です。とりわけ、裁判所の助力がなくてはできない。

政府が裁判所や霞が関を動かし、最高裁が向こうの調書を証拠価値、証拠能力があるとする主張を法律的に認めてくれたばかりか、コーチャン、クラッターが何を喋っても、日本としては罪に問わないという超法規的な措置まで講じてくれた。

贈賄側はすべてカット。こんな例外措置は現在の法体制では考えられません。弁護人の立場から言えば、非常に疑問の多い裁判でもあった。

「贈」が言っていることを検証しないで、前提とするわけだから。贈賄側が死んでいれば反対尋問はできないけれど、本来は、原則として仮に時効にかかろうが、贈賄側を一度、法廷に呼び出して供述が本当なのか検証するチャンスがある。

ところが、ロッキードではなし。それで真実が出るのかどうか、疑わしい限りです。しかも、贈賄側は一切処罰されないと保証されて、喋っている。その証言が果たして正しいか。大いに問題がある。

それぐらい問題のある特別措置を当時の三木政権がやってくれるわけです。つまり、逮捕されたときの田中角栄は、既に権力の中枢にいなかったということなのでしょう。

風見鶏だから生き残った——田中

角栄は、総理に上り詰めるまでに、「角福戦争」とか、「三角大福」とか、熾《し》烈《れつ》な政争を繰り広げてきた。えげつない現ナマのばら撒《ま》きで、相当、強引な裏工作もやっている。そのため、角栄を恨んでいる政敵が多かったということも逮捕につながった大きな原因だと思います。三木にも、角栄に対する根深い恨みがあったのではないですか。

三木武夫

かたや中曾根元総理は、ついにやられると何度も囁かれたにもかかわらず、最後までやられずに無事、政界を引退した。

決定的証拠も出てこなかったのでしょうが、「風見鶏」だから大丈夫だったのですよ。若いときから、時の権力者にはうまく歩調を合わせていたから、彼を恨んでいる政敵がほとんどいなかった。角栄と違って、歴代の権力者には、中曾根を沈めてやりたいと憎んでいた人間がいなかったのでしょう。

中曾根はマスコミにもウケがいいので、マスコミから何かをほじくり出されることも少なかった。

亀井静香の場合は、秘書が有能だからでしょうね。竹下登や加藤六月《かとうむつき》も秘書がしっかりしていたから、やられなかった。秘書の能力は大きいですよ。同じようにカネをもらっていても、処理の仕方によって、事件として問えるか否かが変わってきますから。

誰が国策捜査を命じるのか――田原

秘書が無能な政治家は危ないわけですね。すると、藤波孝生《ふじなみたかお》や村上正邦《むらかみまさくに》、鈴木宗男の秘書はぼんくらだったということになる。

ところで、これは非常に基本的で重要な問題なのですが、誰が国策捜査を命じるのですか。もっと具体的に言うと、もうこれ以上やるなと圧力をかけてくる大本《おおもと》は、検察庁自体なのか、それとも外部の政治家なのか。

マスコミ的には事件を潰したのは、あの政治家だとなりやすい。しかし、事件を潰すだけの影響力を検察に対して行使できる政治家が果たして何人いるかというと疑わしい。

仮に政治家が検察に圧力をかけて潰すとしたら、検察庁の上層部にいたヤメ検弁護士を通じて働きかけるというやり方だろうけど、その程度の圧力に検察がやすやすと屈するとも思えない。

下手に圧力などかけると、かえって検察から睨《にら》まれる恐れもあるだろう。僕はマスコミが言うほど、政治家による事件潰しは多くないのではないかと思っている。


政治家によって潰された事件は一握り――田中

特捜の現場で捜査にあたっている検事に直接、指示をしてくるのは特捜部長です。じゃあ、特捜部長に誰が指示しているのかと言えば、現場は接することがないさらに上だとしか言いようがない。検事総長、次長検事、検事長といったクラスでしょう。

こういった首脳まで出世するエリートは、法務省勤務が長い「赤レンガ派」と呼ばれる人たちが主流です。

彼らは法務省で、法案づくりを担当していて、日常的に政権与党の政治家と接触している。

僕ら「現場捜査派」が、毎日、被疑者と顔を合わせているように……。

こうして毎日のように会って話をしていると気心も知れるし、考え方も似てくる。そして、どうしても時の権力寄りの見方になっていく。

だから、彼らが検事総長、次長検事になって、「国策としてこれはどう扱うべきか」となったときに判断すると、結果的に時の権力と同じ視点になりやすい。

外から見ると、政治家の圧力によって潰れたように見える事件でも、検察首脳部が下した決断が、たまたま権力の中枢の考え方と合致していたに過ぎないケースがほとんどだと思いますよ。つまり、多くの場合、検察内部の判断であって、政治家によって潰された事件はあったにせよ、ほんの一握り。マスコミの思っているほど多くはありませんよ。

暴走をし始めた検察——田原

僕はそこが一番の問題じゃないかと思う。検察内部の独善で国策捜査のあり方が決まっていきかねないところが——。

政治家が検察をコントロールする手段としては、指揮権がある。法務大臣を通じて検察庁のトップ、検事総長のみを指揮できる。しかし、現実には指揮権なんてあってなきがごとしで、発動できるものじゃない。下手にそんなものを振り回すと世論から袋叩きに遭う。

現に、一九五四年に吉田《よしだ》内閣で、犬養健《いぬかいたける》法務大臣が、造船疑獄に際して時の自由党幹事長、佐藤栄作《さとうえいさく》の逮捕をしないよう指揮して以降、発動されたことは一度もありませんからね。言い換えれば、事実上、検察を誰もコントロールできない。最近とみに検察ファッショだという非難が高まっていますね。これは、国策捜査と称して、検察が自分たちの独善を通したのでは、と思える冤罪事件が増えてきたからですよ。

僕は今やすっかり時の人となった佐藤優にインタビューしたことがある。外交官だった佐藤は、二〇〇二年五月、検察に背任で逮捕された。彼は、取り調べのはじめの段階で、担当の西村尚芳検事から、「君は勝てっこない。なぜならばこれは『国策捜査』なのだから」と宣告されたそうです。

佐藤優

彼らの言う国策とは鈴木宗男の政治生命を潰すことだった。疑惑のデパート、鈴木を悪の権化《ごんげ》に仕立て上げて。

「鈴木は外務省の表と裏をあまりにも知りすぎた男なので狙われたのだ」と佐藤はきっぱり言っていましたよ。その道連れにされたのが自分だと。

外務省きっての論客だった佐藤は、連日、西村検事に論戦をしかけた。そのときに西村が何度も言ったのが、「時代のけじめをつけるため」という言葉だった。

僕は、この言葉が、今の検察の驕《おご》りを象徴しているように感じる。今の検察は、「俺たちが時代をつくるんだ」と言い放つほど思い上がっている。

選挙で国民の信を受けた政治家でもない検察が、与えられた強大な権力を背景に時代をリードしようとする——この検察の暴走を誰も止められないのが恐ろしいと思います。

第二章　疑獄事件の全真相

被害者が加害者にすり替えられた平和相銀事件――田原

竹下登の名があがり、検察上層部からねじ曲げられた事件と言えば、平和相互銀行事件（一九八六年）があります。

これは田中さんが東京地検特捜部に来て、少し経った頃、三菱重工CB事件の前に携わった事件ですね。

平和相銀は今でいう第二地方銀行。住友銀行に吸収合併されてしまったわけですが、創業者一族であった小宮山《こみやま》家と、実権を握っていた伊坂重昭《いさかしげあき》監査役ら経営陣の対立から、平和相銀の乱脈経営が浮上したことがきっかけだった。言うならば、内ゲバから事件が露呈した。

検察が目をつけたのは、伊坂ら経営陣の不正融資。当時、平和相銀グループのゴルフ場開発会社「太平洋クラブ」が会員権を乱発し、その預かり保証金の返済期限が迫る。伊坂らはそのカネを工面しようと、不動産会社に、ゴルフ場の資産であった評価額四二億円の神戸市内の山林を六〇億円で売った。

その見返りとして、売った土地を担保に総額一一六億円もの融資をする。しかも、そのカネの一部が山口組系の会社に流れていた。この融資が特別背任罪にあたるというのが検察の描いた筋書きだった。

しかし、田中さんたちが捜査をしてみると、伊坂らが一一六億円の融資をしたのは、脅されてのことだったという疑いが強くなる……。

ところが、なぜか検察の上層部は、そのことは調書に一切書くな、伏せておけ、という。そのため、本来、恐喝事件の被害者であるはずの伊坂ら経営陣は、特別背任罪で検挙されてしまったのです。

伊坂は田中さんと同じ元検事で、いわゆるヤメ検。あの「巨悪は眠らせない」と言った伊藤栄樹検事総長と総長レースを争った大物だったそうですね。検察はなぜ、事実を曲げてまで、伊坂らを葬り去る必要があったのですか。

「青木メモのことは忘れろ」——田中

平和相銀事件には、今、田原さんがおっしゃった不正融資の疑惑と、現在もよく語られる竹下登の関与が取りざたされた金屏風《きんびょうぶ》疑惑の、二つのターゲットがあった。金屏風疑惑には、僕は直接タッチしていないけれど、事件の経緯をざっと話せば、次のようなことでした。

前段階に馬毛島《まげしま》疑惑がある。一九八三年、鹿児島県の馬毛島が、当時の防衛庁のレーダー基地建設候補地にあがった。伊坂らの平和相銀首脳がその旗振り役で、政府に島を売却して利益

竹下登

を得ようと狙っていた。そこで、その工作資金として、伊坂たちは、右翼の大物、豊田《とよだ》一夫《かずお》に二〇億円を提供し、そのカネが二〇人近い自民党の大物政治家に渡ったとされた。

この捜査の過程で出てきたのが金屏風疑惑です。

当時、伊坂らと対立する小宮山創業者一族は、自分たちの持ち株を旧川崎財閥系資産管理会社「川崎定徳」の佐藤茂《さとうしげる》に売却した。佐藤は政財界に力を持つフィクサーで、佐藤の人脈を使い、政界工作を行って、巻き返しをはかろうとしたと言われている。

小宮山一族が佐藤に八〇億円で売った株は、発行済み全株式の三三・五％にも及ぶ。慌てた伊坂らは、佐藤から株を買い戻そうと躍起になった。

佐藤とのパイプを探していた伊坂らがぶつかったのが、時の自民党幹事長で大蔵大臣経験者の竹下登と近い関係にある画商、「八重洲画廊」社長の真部俊生で、真部は佐藤からの買い戻しの条件として、「金蒔絵《きんまきえ》時代行列」という金屏風の購入を提示します。

この金屏風、八〇〇〇万円相当でしかなかったけれど、政界工作の代金なので、四〇億円という法外な値で売られた。このカネの一部が政界に流れたというのが、いわゆる金屏風疑惑です。

なかでも竹下登はクロの可能性大だった。竹下の秘書で金庫番の青木《あおき》伊《い》平《へい》が、直接、絵画の取引に関わっていたから。内偵捜査の段階で、金屏風の取引で「竹下登へ五億円を渡した」という走り書きも出てきた。これがよく知られる青木メモです。青木は後に謎の死を遂げる。

しかし、これだけ証拠が揃っているにもかかわらず、捜査は打ち切りになる。きっかけになったのは、週刊誌『サンデー毎日』のすっぱ抜きです。平和相銀の強制捜査は、一九八五年六月一三日に予定されていた。それが事前に漏れて書かれた。検察上層部は激怒し、強制捜査の着手を見送ると言い出した。

伊坂重昭

検察で「時期が悪い」「見送る」とは、「もうやらない」と同義語。実際、特別背任罪で伊坂ら平和相銀の幹部を検挙した後に、捜査終了宣言が出され、馬毛島疑惑も金屏風疑惑も、それ以上解明されなかった。大山《たいざん》鳴動してネズミ一匹ですよ。

伊坂の背任容疑も札幌にいる弟に貸したカネが問題になったのであって、本筋とは違う。兄弟にやったカネなので、事件としてきれいじゃないですか。裁判所も認めやすい。しかも、この伊坂の

青木伊平

背任事件でさえ、政界に飛び火することを心配した検察の上層部は最初、やらせようとしなかった。そのため、捜査の着手が遅れたという経緯があります。

つまり『サンデー毎日』のすっぱ抜きは口実に過ぎないんですよ。もともと検察の上層部は、竹下登はおろか、政界まで手を伸ばすことは望んでいなかったわけです。実際、ある同僚検事から、

「部長に呼ばれて、青木メモのことは忘れろと言われた」と聞いた。

馬毛島疑惑なんか、検察にとっては本来、非常に立件しやすい事件ですよ。職務権限がはっきりしているので、リクルート事件などよりずっとやりやすい。しかし、あまりにも事件が大き過ぎる。

どこまでつながっているか、結局わからなかったけれど、中曽根派をはじめ、錚々《そうそう》たる自民党の政治家を全員やらないとけりが付かない、それでは自民党がつぶれてしまう。だから上からストップがかかったのだという噂が検察内部で飛び交っていました。

日歯連事件でも切られたのは尻尾だけ――田原

中曾根や竹下までやってしまうと、自民党の底が抜ける。現在の日本の体制が揺らぐ。だから、そこまではやらない。

だけど捜査に着手していて、マスコミや世間も騒いでいる。検察の面子《メンツ》にかけて誰もやらないわけにはいかない。

そこで、トカゲの尻尾だった伊坂らを背任罪で挙げてお茶を濁した。どうやらこういうことのようですね。

村岡兼造

二〇〇四年に発覚したあの日歯連事件もそうだ。日本歯科医師会が、その政治団体「日本歯科医師連盟」を通して、当時の橋本《はしもと》派に一億円のヤミ献金をしたという事実がばれた。でも、政界を動かしていた橋本派の大物は誰ひとり捕まらなかった。

派閥の長で、総理経験者の橋本龍太郎《りゅうたろう》はむろん、元幹事長の野中広務《のなかひろむ》、参院自民党のドン、青《あお》木幹雄《きみきお》といった実力者は起訴さえされなかった。誰が見ても、彼らが関わったのが歴然としているのに……。

検察がやったのは橋本派の事務局長だった村岡兼造《むらおかかねぞう》ひとりで、それも政治資金規正法違反。収支報告書に記載されなかった不記載という軽い罪だった。実際、村岡に下されたのは禁固一〇ヵ月、執行猶予三年という判決。

日歯連は、二〇〇〇年から〇二年の間に、総額二〇億円以上ものカネを一〇〇人以上の政治家にバラ撒いたと言われている。大がかりな政界の贈収賄事件に発展する可能性もあった。しかし、終わってみれば、政界では村岡ひとりが罪に問われ、真相も解明されなかった。

平和相銀事件の頃から、何も変わっていないのですね。

住友銀行のための捜査——田中

当時、捜査に関わった我々は、平和相銀事件にはもうひとつ裏があると感じていました。振り返ると、住友銀行に都合のいい筋書きですべてが進展していったからです。

事件の捜査は住銀が、平和相銀の吸収合併を画策している最中に行われた。関東への本格的な進出を意図していた住銀にとって、平和相銀は、それこそ喉から手が出るほど欲しい存在だった。

今は統廃合でどこも支店は縮小しているが、あの時代、銀行の優劣は支店網の充実で決まった。いかに立地のいい場所に支店を構えるかが勝負だった。

しかし、住銀は関西の銀行だったので、関東には拠点がほとんどない。もし、一からネットワークをつくろうとすると、膨大な時間とカネがかかる。それでも、できるかどうかわからない。

銀行の支店は、一等地のビルの一階。そういう場所は既に他の金融機関に押さえられている。後から割り込むのはむずかしい。そこで、平和相銀の吸収合併です。平和相銀は関東に強い金融機関で、確か、都内に六二店舗ほどの支店網があった。平和相銀を吸収合併してしまえば、一夜にして関東に充実した支店網ができるわけです。

磯田一郎

ところが、実権を握っていた伊坂グループが、合併すると自分たちの利権がなくなるので、クビを縦に振らない。伊坂グループが掃除されれば、住銀の吸収合併は支障なく実現する。

小宮山家が佐藤に渡した株を最後に手に入れたのも住銀です。当時、住銀の天皇と呼ばれていた頭取の磯田《いそだ》一郎《いちろう》は佐藤に近づき、住銀から送り込んだ腹心のイトマン社長、河村良彦《かわむらよしひこ》に命じ、まんまと平和相銀株を手に入れた。

終わってみれば、全部、住銀側の思惑通り、事が進んだのですよ。現に住銀はその後、平和相銀をただ同然で買い取り、首都圏にも基盤をつくり繁栄した。

住銀と検察の関係は深い。大阪では検事正が検察庁を辞めて弁護士になるときには、住銀と読売新聞のやっかいになる。この二つの企業が、何十社もの顧問先をつけてくれるのが半ば慣例になっているのです。

そういう裏事情を知っている我々は、どうしても住銀のために行われた捜査ではないかと勘ぐってしまう。事実、現場では、「俺たちは誰のために捜査をしたんだ。住銀のためにやらされた」という声がみんなから上がっていた。

本来、恐喝事件の被害者である伊坂グループを特別背任罪で加害者に仕立てあげた。そのくせ、肝心な政界疑惑には待ったがかかる。現場の検事は、やりきれない。全員で、辞表を叩きつけようかという話にまでなったのです。

検察冬の時代に終止符を打った撚糸工連事件――田原

平和相銀事件は、その後にイトマン事件、東京佐川急便事件、皇民党の竹下登への「ほめ殺し」などに連なっていくわけですが、その前に、平和相銀事件のちょっと前に田中さんが手柄をあげた撚糸《ねんし》工連事件についてお伺いしておきたい。大阪地検から東京地検特捜部に移った直後ですよね、あの事件を田中さんが担当したのは。

撚糸工連事件は、検察の歴史のなかでも特記される事件ですね。ロッキード事件で田中角栄を逮捕し、世界的にも名をあげた検察は、その後、長い冬の時代に入る。ロッキード事件で失脚すると思われた田中角栄は、政界から追放されるどころか自らの派閥の勢力を増し、闇将軍として君臨。検察に怨念を抱いた角栄は、次々と息のかかった代議士を法務大臣として法務省に送り込み、法務省を支配、検察を封じ込めようとした。

この暗闘により、検察はうかつに政界には切り込めず、焦《あせ》りがあった。その検察の長い沈黙を破ったのが撚糸工連事件でしたよね。この事件で、ロッキードから実に一〇年ぶりに現役の代議士の逮捕にこぎつける。

撚糸工連事件は、当時の民社党の横手《よこて》文雄《ふみお》代議士が、繊維業の業界団体、日本撚糸工業組合連合会の小田《おだ》清孝《きよたか》理事長から賄賂をもらい、業界に有利な質問を国会でやったもの。それを横手代議士に依頼したのは、自民党の稲村《いなむら》左《さ》近四《こんし》郎《ろう》代議士。

田中さんは、小田を落とし、横手の名を聞き出し、横手の取り調べもやる。そして横手から、稲村左近四郎の名前を出させて、ふたりの逮捕にこぎつける。まさに検察の面目躍如《めんもくやくじょ》となった。田中さんは検察史を塗り替えるほど大きな手柄を立てたわけだ。

東京の特捜のやり方は汚い——田中

最初に撚糸工連に目をつけ、贈収賄事件に見立てたのは、当時、東京地検特捜部の石川達紘《いしかわたつひろ》副部長でした。彼は「ブツ読みの達紘」と異名をとる、僕より五期上の特捜部のエースで、資料の読解力と先読みの能力に非常に長《た》けていた。

石川は、後に、弁護士になった僕が彼の事件を潰したと勘違いして、僕をつけ狙うのですが、当時は、現場の捜査に燃えていた。その石川が、国会の議事録を丹念に読んで、注目したのが、民社党の横手代議士の代表質問だったのです。

大阪から赴任したばかりの僕に、担当を命じたのも特捜部長だった。結果、チャンスを得られたわけですが、実は僕は割り切れんものを感じた。

大阪で評判はとっていたけれど、東京の特捜の連中はまだ僕の力を知らないわけでしょう。なのに、未知数で東京の事情もまだ知らない僕に担当させたのは、要するに、上はこの事件は伸びない可能性が大、失敗する可能性があると見ていたからです。

小田の調べだけでなく、横手までやらされたのがいい証拠です。検察の捜査では、重要人物の取り調べに際しては、それぞれ異なる検事が担当する慣《なら》わしになっているからです。

重要な被疑者の取り調べはただでさえ神経を使う。一人で手一杯で、他の被疑者にかかわる余裕はない。

小田は贈賄側、横手は収賄側。このふたりを一人の検事に事情聴取させるのも、本来あり得ない。同じ検事がすべての重要被疑者の自白を引き出したとなると、公判の際、自白の信憑性を疑われかねないからです。

とりわけ贈収賄事件の場合、贈賄側と収賄側の両方を同じ検事が担当したとなると、両方を検察側の描いた都合のよい結論に、無理矢理に導いたのではないかとの疑いを持たれてしまう。

別々の検事が取り調べて、同じ証言結果になったほうが、信憑性は高い。これが意外に大事で、贈賄側と収賄側の被疑者は、異なる検事が別々に取り調べ、調書を作成して、整合性を高めていくという過程を経るのが基本的な手法です。

横手文雄

当時、東京地検特捜部には、手が空いている検事は一杯いたのに、小田を調べている僕に、「おい、田中、お前、横手の取り調べに行って来い。この事件は、横手から稲村の名が出なかったらやらないんだから、絶対落とせよ」ですからね。

しかも、横手の場合、任意の在宅での取り調べの段階。相手は痩せても枯れても代議士。逮捕して締め上げるのならまだしも、任意で喋るわけがない……。

さらに、代議士を任意で調べるのだから、マスコミには絶対にバレないようにしろというのも条件でした。事件が潰れる可能性があるだけでなく、もし、世間が知った後で失敗したら、検察の汚点になる。だから、マスコミに悟られるな。そこで、記者連中に見つからないよう、八王子の区検に横手を呼んで事情聴取しました。

あのとき、僕は東京の上の連中は汚いなとつくづく思った。うまくいけば、めっけもの、自分たちの手柄になる。田中が失敗すれば、関西のせいにしておけばいいやという上の魂胆が嫌でも見えたからです。大阪では、そういう検察上層部のしがらみに遭遇することはまずないので、なおさら東京の汚さが身に染みた。

僕は汚いやり方には反発する性格なので、関西の力を見せてやろうと、逆に闘志を燃やしましたけど。結果、小田も横手も落とすことができましたが、表面的には、捜査を指揮した石川副部長の実績になった。嫌な感じは残りましたね。それでも、僕にとってはチャンスをものにできたので、がんばろうと思い直した。

しかし、平和相銀事件、それに続く三菱重工CB事件で検察の上層部から圧力がかかって、中途半端なかたちで終わる。次第に検事としてやっていくことに限界を感じ始めた。

ほめ殺しをやらせたのは佐川清――田原

平和相銀事件は、間接的ではあるけれど、後に起こるイトマン事件や竹下登元総理に対する右翼団体、日本皇民党のほめ殺し事件、金丸信《かねまるしん》が略式起訴された東京佐川急便事件などの火種になる。そのときには、田中さんは既に検事を辞職して弁護士に転身なさっていた。今度は攻守ところを変えて、弁護人の立場からさまざまな事件に関わることになる。まず、竹下を悩ませた日本皇民党事件からいきましょうか。

金丸信

中曾根のあとを受けて、安倍晋太郎《あべしんたろう》や宮澤喜一《みやざわきいち》と自民党次期総裁のイスを争っていた竹下登は、広域指定暴力団、稲川会との関係が深い日本皇民党から、「日本一金儲けのうまい竹下さんを総理に」という執拗なほめ殺し攻撃を受ける。皇民党は街宣車を全国に繰り出し、ほめ殺しをガンガン流した。

この皇民党の「竹下は金儲けがうまい」という攻撃は、平和相銀事件の金屏風疑惑などを指しているわけですね。

岸信介

皇民党がなぜ、ほめ殺しで竹下を攻撃したかというと、田中角栄に叛旗を翻《ひるがえ》すかたちで竹下派経世会《けいせいかい》を旗揚げしたことに「義憤」を感じたためと言われている。

中曾根派、安倍派からは、「右翼のひとつも処理できないような政治家は首相の器《うつわ》ではない」という批判が起こり、竹下は窮地に立たされ、円形脱毛症になるほど弱り果てる。

そこで、竹下は腹心で経世会会長の金丸信に、なんとかならないかと相談する。金丸は稲川会の石井進《いしいすすむ》会長とパイプを持つ、東京佐川急便の渡辺広康《わたなべひろやす》に仲介を依頼し、石井会長経由で、竹下が田中邸に直接謝罪に行くことを条件に、皇民党との話し合いがつく。

竹下はこれを受けて、マスコミが詰めるなか、謝罪のために田中邸へ訪問をした。門前払いを食わされて大恥をかいたものの、これを境に皇民党の嫌がらせはピタッと止み、一九八七年一一月、竹下政権が誕生した。

ここで登場する稲川会の石井会長も平和相銀事件に関与していますよね。石井は、最初、平和相銀側について、住友銀行の乗っ取りを阻止しようとしていた。

だけど、岸信介《きしのぶすけ》元首相から電話を受けて寝返り、その見返りに多額の報酬をもらったと噂されている。

じゃあ、誰が皇民党にほめ殺しをやらせたか。真偽は定かではないけれど、佐川急便の佐川《さがわ》清《きよし》会長だったというのが定説になっている。

佐川会長は同じ新潟出身の政治家、田中角栄に惚れ込んでいて、資金面でもずっと面倒を見てきた。また、佐川会長も角栄から多大な支援を受けた。その盟友である角栄を裏切った竹下は許せないとなったのでは、と憶測されている。僕も佐川説で間違いないと思う。

田中さんは、皇民党のほめ殺しの裏には、佐川会長による、皇民党の大島竜珉総裁への佐川急便株譲渡があるのではないかと見ていらっしゃいますよね。

ただ、ひとつわからないのは、ほめ殺しのような高等戦術を誰が考え出したのか。皇民党の大島総裁は、僕も会ったことがあるが、さほど頭が切れる人物とは思えなかった。佐川清会長の発想とも考えにくい……。

ほめ殺しの裏にいた人物――田中

実は、大島に佐川急便の株を実際に譲渡する手続きをしたのは僕なんですよ。

僕が弟のようにかわいがっていた大阪国税局の調査部にいた友人が、退官して佐川清会長の顧問税理士をやっていた。彼が佐川会長に僕の話をすると、会長は興味を持ったようで、彼を通じて会いたいと言ってきたので、京都の佐川邸を訪ねた。すると会長が、「これから相談に乗って欲しい」と言う。

しばらくして相談があると言ってきたので、再び伺って内容を聞くと、「佐川急便をぶっ潰したい」「あれはワシのつくった会社だ。ところが、今になってワシの言うことをきかん。あんな会社は潰したらええ」と、こうです。

佐川会長の所有する株と彼の長男が持っている株を合わせても四一%ちょっとで、過半数に満たない。持ち株数で、実権を握る経営陣を追い出せないので、この株を山口組の五代目である渡辺芳則《わたなべよしのり》組長に渡してくれないか、との頼みだった。渡辺組長と僕が親しいと聞いていたのでしょうね。

山口組に持ち株を全部渡して、自分が手塩にかけた会社を潰す。あまりにも尋常じゃない。佐川会長は正常な判断が既にできなくなっていると感じた僕は、

「会長ね。それをやったら笑われるよ。あなたのような、日本では十本の指に入る成功者と呼ばれる人が晩節を汚すようなマネをすることに対して、僕は賛成できない。潰したい気持ち、それは情としてはわかるけれど、佐川急便はもう社会のものだから、なんぼ会長の頼みとはいえ、私は聞くわけにはいきません」

と断った。

でも、会長はまるでだだっ子。「銭金《ぜにかね》やない。ワシの言うことをきかん佐川急便なんか潰し

たらええ」の一点張り。ラチがあかないので、その日は「もう一度考え直してみてください」と言い残して別れた。

同じようなやり取りが二、三回あり、その後、どういう経緯なのかわからないが、五代目をやめて、皇民党の大島に株を渡すと言い出した。

皇民党の本拠地は香川県の高松市。佐川会長は、出身は新潟県ですが、事業家としての出発点は高松なのです。高松で奥さんとふたりでリヤカーを引いたのが始まり。脱税容疑で挙げられて、それから京都に移った。恐らく高松時代に大島との接点があったのでしょう。

大島に株を渡すのも、あまりにも乱暴なので止めたが、なんぼ言っても聞かないので、やるのであれば、きちんとした手続きを取らないと、税法上たいへんな問題になるとアドバイスし、顧問税理士に株価を算定させた。

すると、佐川会長の持ち株の時価は一〇〇〇億円以上になる。「譲渡するのはいいとしても、大島は買い取るカネなんて持ってないでしょう。金額はどうするんですか」と佐川会長に問うと、「銭金じゃないから、なんぼでもいい」。弁護士の僕が入っているのに、そうはいかない。

とりあえず何千万円か代金として受け取り、後

佐川清

は協議することとして僕が契約書をつくり、大島を佐川会長の自宅に呼んで契約を結んだ。これが週刊誌にすっぱ抜かれて騒ぎになったこともあった。

大島はどこからかカネを工面し、二〇〇〇万円か、三〇〇〇万円か振り込んだのではないかと思います。現在、大島に渡った株はどうなっているのかは知らないけれど。

大島に竹下のほめ殺しを命令したのは、巷間《こうかん》噂される通り、佐川会長でしょう。僕もはっきり会長の口から聞いたわけではないので、推測に過ぎないですが。佐川会長にとって、角栄は天皇のような存在。角栄を思う気持ちが、竹下憎しになっても不思議ではない。

しかし、問題は誰が知恵を付けたかです。確かに田原さんがおっしゃるように、大島を切れ者と言うのは少し違うように思う。佐川会長も晩年は、正常な判断力を失っていたほどだから、ほめ殺しのような高等戦術を考えたとは思えない。

そこで発案者として噂されてきたのが田中眞紀子《たなかまきこ》さん。実際はわかりませんよ。しかし、眞紀子さんだったら頭が良いから、これぐらいのことは考えても不思議ではない。眞紀子さんというのが、噂のなかでは一番納得しやすかった。

東京佐川急便事件は検察のチョンボ——田原

この日本皇民党事件と密接なつながりがあったのが、東京佐川急便事件ですね。東京佐川急便事件のそもそもの発端も平和相銀事件だ。

稲川会の石井会長は、平和相銀側から住友銀行側に寝返った見返りに多額の報酬を受け取り、そのカネで岩間カントリークラブの所有権を得る。

それまでも、石井には何度かトラブル処理を頼んだことのあった東京佐川急便の渡辺広康社長は、取締役会の議事録を偽造して、石井のゴルフ場開発会社への銀行融資の債務保証をする。

渡辺ら東京佐川急便の経営陣は、石井に対して他にも、株や不動産などへの投資資金を提供して焦げ付かせ、会社に損害を与えたとされた事件です。損害額は過去最高の九五二億円。特別背任罪で渡辺以下、五人が起訴された。

渡辺広康

金額は大きかったけれど、事件の内容からいえば、なんということはないありふれた特別背任罪に過ぎない。それが世間の耳目を集めたのは、ほめ殺しが絡んでいたからでしょう。

佐川急便が急成長した背景には、佐川清時代から、政界のタニマチとして政治家にカネをばらまいてきたことがある。労働基準法違反を繰り返しても罪にならなかったり、配送区域が次々に認可されて瞬く間に全国に拡大できたのも、政界への資金提供があったからでしょう。

当時、渡辺はその政界工作の中心的役割を果たしており、稲川会の石井をはじめ、暴力団関係者とのパイプもあった。言ってみれば、政界と裏社会のパイプ役も務めていた。

その関係があって、金丸、渡辺、石井が日本皇民党のほめ殺しをやめさせるという話が出てきたわけですね。

そして、渡辺の政界工作は、やがて政界を巻き込んだ汚職疑惑へと発展していきます。自民党副総裁の金丸信が佐川急便側から五億円のヤミ献金を受領したとして議員辞職に追い込まれ、東京佐川急便から一億円を受け取っていた新潟県知事の金子清《かねこきよし》が辞職する。でも、金丸は辞職はしたものの、略式起訴、二〇万円の罰金だけで終わった。

この一連の東京佐川急便事件と皇民党事件は、バックには田中さんも指摘されていた渡辺と佐川清会長の確執があったと見る向きも多い。

政界とのつながりをバックに力をつけた渡辺が、佐川清会長の言うことをきかなくなった。だから、渡辺を排除するために佐川会長が仕掛けた罠《わな》だったという、うがった見方まである。

いっぽう検察側から見ると、事件の経緯を振り返っても、狙ったのは大がかりな政界疑惑の解明だったように思う。最低でも、金丸には実刑を考えていたのではないか。でも、金丸も取り逃がしてしまった。結果から見れば、特捜のチョンボですよね。

金丸と検察の取引はあったか──田中

東京佐川急便事件は、ロッキード事件以来の大きな疑獄事件に進展する可能性を秘めていました。

佐川急便クラスになると、カネのばらまき方も半端《はんぱ》ではない。資金提供を受けた自民党の政治家は広範囲にわたっているはず。佐川マネーの流れを解明すれば、自民党の大物がゾロゾロ引っかかってくる可能性がある。言い換えれば、それだけ大きな広がりのある事件だったので、検察も手のつけようがなかったのではないでしょうか。

渡辺から金丸が受け取ったとされる五億円の使途については、竹下派の議員約六〇人に分配されたとなったが、政治家本人や秘書から聴取しても、分配先が特定できず、嫌疑不十分で不起訴処分になった。これで捜査は打ち切られた。仮に六〇人の政治家が判明していたとしても、全員をやることは事実上不可能。金丸を政治資金規正法で挙げて、お茶を濁したのではないでしょうか。

その金丸の容疑にしても、公判まで持っていく気が果たして本当にあったかどうか。特捜が渡辺の供述によってつかんでいた金丸へのヤミ献金の時期は、一九八九年の参議院選挙前でした。これだと、政治資金規正法の時効、三年より前で、罪にならない。金丸は刑事責任を免れたはずです。

ところが、自民党副総裁辞任の会見で、金丸は同席した竹下派事務総長にメモを読ませ、受け取ったのは一九九〇年の総選挙直前と、自ら告白してしまった。一九九〇年なら、時効が成立しないので、検察にとってはまさに渡りに船。かくして政治資金規正法で、金丸を略式起訴することはできた。

しかし、逆に疑問も残ります。なぜ、金丸が正直に一九九〇年だと言ったのか、自分で墓穴を掘るようなマネをしたのか――この疑問についてはいろいろな噂があります。

剛直な金丸が「嘘を吐《つ》かんでもいい」と言ったとか、検察が面子を保つために、「認めれば、これ以上佐川のカネについてはやらない。略式起訴にして罰金だけで済ます」と金丸側と取り引きして、手打ちになったとか。

また、特捜が解明の見通しがたたないうちにマスコミが騒いだので、否応なくつっこまざるを得なくなり、失敗したという人もいる。いやいや、検察は政界再編を初めから予測していたと語る人までいます。真相は今となってはヤブの中だが、ただ、現場の検事にとっては屈辱的な幕引きになったことは確かでしょう。

検察も大打撃を受けた。併行して捜査していた新潟県知事は政治資金規正法の虚偽記入罪で公判請求をしたが、金丸には政治資金規正法の量的制限違反だけを適用し、罰金だけで済ませた。また、金丸への取り調べもなかった。

この不公平な扱いに世論はいきり立ち、検察批判が一挙に噴出した。検察の内部でも糾弾の声があがり、検察の権威は失墜しましたからね。

五五年体制の終焉をもたらした検察――田原

あの金丸の疑惑の記者会見を、野中広務は自著『私は闘う』のなかで、「クーデターやな、と直感した」と書いています。小《お》沢《ざわ》一郎《いちろう》が、わざと金丸を有罪にして失脚に追い込み、経世会を乗っ取ろうと画策したのだと。

金丸の秘蔵っ子であった小沢は、経世会の誰にも相談せず独断で、金丸の記者会見を決めたところから、野中のような小沢謀略説が出てきた。その真相はともかく、一九八〇年代後半から一九九〇年代前半にかけて起こった、日本皇民党事件、リクルート事件、東京佐川急便事件は、政界に地殻変動をもたらしましたね。

小沢一郎

皇民党事件とリクルート事件で竹下内閣は倒れ、田中角栄以来、最大派閥として一貫して自民党を支配してきた経世会は、金丸の一件によって

鈴木宗男

反小沢感情が高まり分裂。東京佐川急便事件で金丸を逮捕できず非難を浴びた検察は、名誉回復のために、一九九三年に脱税で金丸を逮捕。

これが引き金となって、宮澤内閣は不信任案を可決され、その直後に行われた総選挙で、自民党は大敗。細《ほそ》川《かわ》護《もり》熙《ひろ》率いる日本新党、自民党を飛び出した小沢一郎の新生党や新党さきがけなどが躍進し、宮澤喜一内閣は総辞職して、非自民連立の細川内閣が誕生した。

社会党も大幅に議席を減らし、自民党vs.社会党の、いわゆる五五年体制が終焉した。

僕はこの五五年体制の終焉とは、革新の保守化だととらえています。基本政策を見ても、今の野党は、自民党と大差がない。明確に異なるのは共産党ぐらいのものです。保守も革新もいまはごった煮状態です。

正義と悪が政界でも非常に見えにくくなった。そこで検察が、正邪は自分たちが決めるのだという驕りを持ち始めると、危険極まりない。昨今の特捜の事件を見ると、その兆候が現れているような気がします。

たとえばＫＳＤ事件や鈴木宗男事件。村上正邦も鈴木宗男も冤罪の可能性が高い。しかし、検察は悪の権化《ごんげ》に仕立て上げ、政治生命を断とうとする。

イトマンは住友銀行の汚点だった——田原

今度はイトマン事件にいきたい。

大阪にあった総合商社、伊藤萬（のちのイトマン）の背任疑惑事件ですね。平和相銀事件で登場したイトマンです。イトマン事件では、腹心の河村良彦社長を送り込み、イトマンに大きな影響力を持っていた住友銀行の磯田一郎頭取も深く関わっている。イトマンは、住銀が平和相銀事件から引きずってきた汚点だった。

イトマン事件の前哨戦としてあったのが雅叙園観光ホテルの再建問題。ここで出てきますね、後にイトマン事件で田中さんが弁護をすることになった伊藤寿永光《いとうすえみつ》や、田中さんが罪に問われる原因をつくった許永中の名が。

協和綜合開発研究所の役員だった伊藤は、東京・目黒の雅叙園観光ホテルの株の仕手戦を行っていた仕手集団「コスモポリタン」の総帥、池田保次に二〇〇億円の資金を融通する。ところが、池田は失踪。そこで、伊藤は担保にとっておいた雅叙園観光株を背景に、ホテルの再建に乗り出す。

許永中も、雅叙園観光の債権者のひとりで、伊藤と永中は、ホテルの建て替え計画をぶちあげ、イトマンからカネを引き出そうと画策する。

伊藤は住銀の磯田頭取に取り入り、イトマンの筆頭常務に就任。そこから伊藤と永中の暗躍が始まり、ふたりは雅叙園観光の処理だけでなく、ゴルフ場の建設や絵画の取引を口実に、グループのイトマンファイナンスから多額のカネを引っ張り、わずか半年ほどで三〇〇〇億円という焦げ付きを発生させる。これが戦後最大級と言われたイトマン事件の粗筋《あらすじ》ですね。

田中さんはどこらあたりから、事件の主人公だったふたりと関わったのですか。あのイトマン事件の真相はなんだったのか？

磯田頭取の親ばかが起こした事件——田中

最初に知り合ったのは伊藤寿永光です。僕が顧問をしていた街金融のアイチの森下安道会長から、リゾート開発の「アイワグループ」を率いていた種子田益夫に引き合わされたのが最初でした。

種子田は出身地の宮崎でやっている養豚業を始めとして、その後、金融業やゴルフ場開発で財を成した人物で、全国に一〇ヵ所ほどの病院も持っていた。一頃、歌手の石川さゆりのパトロンとされ、彼女のため、宮崎市内の青島にごっつい豪邸を建てたことでも知られている。その種子田の金主のひとりが森下会長で、会わせられたわけです。

そして、種子田が僕に伊藤寿永光を紹介した。最初は、伊藤が経営していた協和綜合開発に対する国税局の査察を巡る処理で困っているから、面倒を見てやってくれないかと言って。種子田は森下も信用していて、僕が見ても義理堅いしっかりしている男でした。

それに、僕は彼に恩義があった。弁護士になりたての頃、僕が顧問をやっていたノンバンクが、あるゴルフ場に三〇億円を融資して焦げ付き、回収を依頼された。その話を聞いた種子田が、「先生が弁護士になった祝いだ。俺もゴルフ場をやっているから三〇億円の債務ごと引き継ごう」と言ってくれて、苦労せずに回収ができた。正当な報酬だから、僕は七〇〇〇万円を堂堂ともらった。

そんなこともあって、種子田の頼みを入れ、協和綜合開発と顧問契約を結んで、国税の査察で伊藤が抱えていた問題を解決してあげた。

森下安道

永中もアイチの森下と関係があったので、何度か顔を合わせていました。そして、伊藤と永中が雅叙園観光の処理で組んだことによって、さらに深いつき合いになっていったわけです。

伊藤は、山口組若頭の宅見勝《たくみまさる》宅見組組長と親しく、組長の威光をバックに地上げで実績を上げていた。僕もひょんなことから宅見組長とのつき合

河村良彦

いがあった。また、失踪した仕手筋のコスモポリタンの池田とも因縁があった。すべて偶然でしたが、人間関係の糸が僕に複雑に絡んでいた。

あの事件の本質から言うと、もともとの事の発《ほっ》端《たん》は、住銀の磯田頭取の娘かわいさ。磯田の親ばかにあったというのが真相ですよ。

磯田頭取には、園子という娘さんがいて、当時、東京・芝のプリンスホテルの地下で、「ピサ」という画廊を出している画商だった。でも、画商なんて商売には簡単に客がつかない。磯田にしてみれば、かわいい娘を画商として成功させてあげたい。そこに目をつけたのが、たまたま磯田と知り合った伊藤でした。

伊藤は非常に如才ない男で、人当たりがよくて、誰からも好かれる。いつもニコニコしていて、嫌みがない。

彼は磯田と知り合うと、毎朝、磯田家に通う。得意だった料理の腕をふるい、自分も磯田家の人々と朝食をともにする。磯田もある程度の年齢になっていたので、だんだん伊藤がかわいくなって自分の子供みたいな感覚に陥っていく。そして伊藤をイトマンの常務にまでした。

磯田は、腹心の河村社長の下に、かわいがっている伊藤を常務として付けておけば、イトマンを自由自在にコントロールできると考えたのでしょう。

園子の絵の話を持ちかけたのも、磯田のほうからだったと聞いている。伊藤に、なんとか娘を助けてくれということだったようです。一説によると、伊藤と園子はできていたという話もある。

伊藤と永中にしてみれば、絵画の取引を口実にカネを引っ張れる。いいチャンスを磯田から与えられたわけです。

伊藤がイトマンの常務のイスに座り、永中と伊藤はやりたい放題になった。園子の画廊の絵画だけでなく、いろんな絵や不動産を永中が持ち込み、それを担保に巨額の融資を引き出す。決裁権を持っていたのは社長の河村だったが、実質的には常務の伊藤に任されていたので、いくらでも通る。こんな楽なことはない。そして、あれほど巨額な焦げ付きを出すわけです。それが背任罪に問われた。

事件の経緯からいうと、磯田にも道義的責任はあったと思います。

伊藤寿永光と許永中は悪か――田原

イトマン事件は伊藤寿永光と許永中という稀代《きたい》の二大悪党が、イトマンから甘い汁を吸い尽くした事件のように言われるけれど、必ずしもそういう解釈だけが正しいのではないと僕は思います。

磯田の娘への溺愛《できあい》も裏にあったし、そのときの時代状況もあった。バブルのあの時代は、どこの金融機関も融資先探しに奔走していた。カネは必要がないという企業にも、借りろ、借りろと迫っていた時代です。

銀行がそそのかして、土地コロガシをやらせて、必要なカネは銀行が融資するというあざといマネまでやっていた。株や土地だけではなく、絵画も旨《うま》みのある投資商品として買い漁られていたし、値上がりをみんな信じて疑わなかった。

みんな忘れていますが、伊藤や永中が巨額の融資を受けていたのは、そんな時代ですよ。当時の貸付高ナンバーワンは住友銀行です。カネをどんどん借りてくれる永中や伊藤は、イトマンファイナンスや住友銀行にとっても、上客だったとも言える。

バブルが急速に萎《しぼ》み、それは二束三文の価値しかなくなったけれど、あの旧大蔵省の総量規制がなく、バブルが続いていたらどうか。伊藤や永中は、もしかしたら、イトマンに莫大な利益をもたらしていたかもしれない。

伊藤や永中だけでなく、バブルの崩壊によって一転して経済犯になった人はいっぱいいる。無節操に融資をし、不良債権を抱えた金融機関は、国民の税金で助けられ、バブルの崩壊で担保価値をなくした借り手は、犯罪者扱いされる――。

僕は少なからず、不条理を感じますね。

第三章　絶対有罪が作られる場所

ロッキード事件の金銭授受は不自然──田原

ここからは、ロッキード事件の話をしたい。

ロッキード事件で田中角栄は、トライスター機を日本が購入するにあたって、ロッキード社から四回にわたって、丸紅を通じて計五億円の賄賂を受け取ったとして、一九八三年一〇月に受託収賄罪で懲役四年、追徴金五億円の判決を受けましたね。

この四回あったとされる現金の受け渡し場所からしても、常識から考えておかしい。一回目は一九七三年八月一〇日午後二時二〇分頃で、丸紅の伊藤宏《いとうひろし》専務が松岡克浩《まつおかかつひろ》の運転する車に乗り、英国大使館裏の道路で、田中の秘書、榎本敏夫《えのもととしお》に一億円入りの段ボール箱を渡した。二回目は同年一〇月一二日午後二時三〇分頃、自宅に近い公衆電話ボックス前で、榎本に一億五〇〇〇万円入りの段ボール箱を。三回目は翌年の一月二一日午後四時三〇分頃、一億二五〇〇万円入りの段ボール箱がホテルオークラの駐車場で、伊藤から榎本に渡された。そして、同年三月一日午前八時頃、伊藤の自宅を訪れた榎本が、一億二五〇〇万円が入った段ボール箱を受け取ったとされている。

最後の伊藤の自宅での受け渡しはともかく、他の三回は、誰が見ても大金の受け渡し場所としては不自然です。とくに三回目のホテルオークラは、検察のでっちあげた虚構としか思えない。

伊藤の運転手だった松岡にインタビューしたところ、検察によって三回も受け渡し場所を変更させられたと言う。もともと松岡は、受け渡しに対して記憶はまったくなかったのですが、検事から伊藤の調書を見せられ、そんなこともあったかもしれないと、曖昧《あいまい》なまま検察の指示に従った。

検事が、最初、三回目の授受の場所として指定してきたのは、ホテルオークラの正面玄関です。松岡は検事の命令に添って、正面玄関前に止まっている二台の車の図を描いた。

でも考えてみれば、こんなところで一億二五〇〇万円入りの段ボール箱の積み降ろしなどするわけがない。正面玄関には、制服を着たボーイもいれば、客の出入りも激しい。おまけに、車寄せに二台車を止めて段ボール箱を運び込んだら、嫌でも人の目に付く。

伊藤宏

検察も実際にホテルオークラに行ってみて、それに気が付いたんでしょう。体調を崩して大蔵病院に入院していた松岡の元に検察事務官が訪ねてきて、「ホテルオークラの玄関前には、右側と左側に駐車場がある。あなたが言っていた場所は、左側だ」と訂正を求めた。

榎本敏夫

それでも、まだ不自然だと考えたのでしょう。しばらくしたら、また検察事務官がやってきて、今度は五階の正面玄関ではなく、一階の入り口の駐車場に変えさせられたと言います。

それだけならまだしも、おかしなことに、伊藤が描いた受け渡し場所も変更されていた。最初の検事調書では、伊藤も松岡とほぼ同じ絵を描いている。松岡の調書が五階の正面玄関から一階の宴会場前の駐車場に変更後、伊藤の検事調書も同様に変わっていた。

打ち合わせもまったくなく、両者が授受の場所を間違え、後で揃って同じ場所に訂正するなんてことが、あり得るわけがない。検事が強引に変えさせたと判断するしかありません。百歩譲って、そのような偶然が起こり得たとしても、この日の受け渡し場所の状況を考えると、検事のでっち上げとしか考えられない。

この日、ホテルオークラの宴会場では、法務大臣や衆議院議長などを歴任した前尾《まえお》繁三郎《しげさぶろう》を激励する会が開かれていて、調書の授受の時刻には、数多くの政財界人、マスコミの人間がいたと思われる。顔見知りに会いかねない場所に、伊藤や田中の秘書、榎本が出かけていってカネをやり取りするのは、あまりにも不自然です。

しかも、この日の東京は記録的な大雪。調書が事実だとすれば、伊藤と田中の秘書が雪の降りしきる屋外駐車場で、三〇分以上立ち話をしていたことになる。しかし、誰の口からも、雪という言葉が一切出ていません。

万事がこんな調子で、榎本にインタビューしても、四回の授受は検察がつくりあげたストーリーだと明言していました。

もっとも、丸紅から五億円受け取ったことに関して彼は否定しなかった。伊藤の自宅で、五億円を受け取ったと。それは、あくまでも丸紅からの政治献金、田中角栄が総理に就任した祝い金だと。だから、伊藤は、せいぜい罪に問われても、政治資金規正法だと踏んだ。そして、検察から責め立てられ、受け取ったのは事実だから、場所はどこでも五十歩百歩と考えるようになり、検察のでたらめにも応じたのだと答えた。

つまり、検察は政治資金規正法ではなく、何があっても罪の重い受託収賄罪で田中角栄を起訴したかった。そのためにも、無理矢理にでも授受の場所を仕立てる必要があったというわけでしょう。

法務省に事前に送られる筋書き——田中

ロッキード事件のカネの受け渡し場所は、普通に考えておかしい。またそれを認めた裁判所も裁判所ですよ。ロッキード事件以来、ある意味、検察の正義はいびつになってしまった。

政界をバックにした大きな事件に発展しそうな場合、最初に、検察によってストーリーがつくられる。被疑者を調べずに周りだけ調べて、後は推測で筋を立てる。この時点では、ほとんど真実は把握できていないので、単なる憶測に過ぎない。

でも、初めに組み立てた推測による筋書きが、検察の正義になってしまうのです。なぜ、そんなおかしなことになるのかと言えば、政界や官界に波及する可能性がある事件の捜査については、法務省の刑事課長から刑事局長に、場合によっては、内閣の法務大臣にまであげて了解をもらわなければ着手できない決まりになっているからです。とくに特捜で扱う事件は、そのほとんどが国会の質問事項になるため、事前に法務省にその筋書きを送る。

いったん上にあげて、了承してもらったストーリー展開が狂ったら、どうなりますか？　検察の組織自体が否定されますよ。事件を内偵していた特捜の検事がクビになるだけでなく、検察に対する国民の信頼もなくなる。

本当は長い目で見たら、途中で間違っていましたと認めるほうが国民の信頼につながる。それは理屈として特捜もわかっているけれど、検察という組織の保身のためには、ごり押しせざるを得ないのが現実です。

特捜の部長や上層部がなんぼ偉いといっても、一番事件の真相を知っているのは被疑者ですよ。その言い分をぜんぜん聞かず、ストーリーをどんどん組み立てる。確かに外部に秘密がばれたり、いろいろあるから、その方法が一番いいのかもしれないが、だったら途中で修正しなければいけない。

ところが、大きい事件はまず軌道修正しない。いや大きな事件になるほど修正できない。だから、特捜に捕まった人はみんな、後で検察のストーリー通りになり、冤罪をきせられたと不服を洩らす。僕を筆頭として、リクルート事件の江副浩正、ＫＳＤ事件の村上正邦、鈴木宗男議員と連座した外務省の佐藤優、村上ファンドの村上世彰、ライブドア事件の堀江貴文……全員、不満たらたらで検察のやり方を非難している。

これを特捜が謙虚に反省すればいいのですが、特捜はそんなことはまったく頭にない。「あのバカども、何を言っていやがるんだ」という驕りがあり、最初にストーリーありきの捜査法は一向に改善されません。

尋問せずに事実関係に手を入れる——田中

とくに東京の特捜では、まずストーリーありきの捜査しかしない。被害者を加害者に仕立て上げてしまった平和相銀事件がいい例ですよ。

東京に来て驚いたのは、調書ひとつをとっても、上が介入する。調書作成段階で、副部長や主任の手が入ることも多く、筋書きと大幅に異なったり、筋書きを否定するような供述があると、ボツにされる。だから、検事たちも、尋問をするときから、検察の上層部が描いた筋書きに添う供述を、テクニックを弄《ろう》して取っていく。

僕も手練手管《てれんてくだ》を弄して自分の描いた筋書きに被疑者を誘導することはありましたよ。しかし、それは、あくまでも現場で捜査に携わっている人間だから許されることだと思う。捜査をしている現場の検事は、こりゃあ違うなと感じれば、軌道修正する。被疑者のナマの声を聞いて判断するので、自分の想定したストーリーが明らかに事実と違えば、それ以上はごり押しできない。人間、誰しも良心がありますから。

しかし東京では、尋問もしていない上役が事実関係に手を入れる。彼らは、被疑者と接していないので容赦ない。被疑者が、これは検事の作文だとよく非難しますが、故《ゆえ》のないことではないと思った。恐ろしいと思いましたよ。冤罪をでっち上げることにもなりかねないので。

だから、僕は東京のやり方には従わなかった。大阪流で押し通した。上がなんぼ、「俺の言う通りに直せ」といっても、「実際に尋問もしていない人の言うことなんか聞けるか」で、はねのけた。

大物検事も認めた稚拙なつくりごと――田原

四回の授受の場所を特定したのは誰か――ロッキード事件に関わった東京地検特捜部のある

検事にこの質問をしたところ、彼は匿名を条件に「誰にも話したことはないが」と前置きして、次のように当時の心境を語っていた。

「ストーリーは検事がつくったのではなく、精神的にも肉体的にも追いつめられた被告の誰かが……カネを受け取ったことは自供するけれども……あとでお前はなぜ喋ったんだといわれたときのエクスキューズとして、日時と場所は嘘を言ったのじゃないか。

そして、それに検事が乗ってしまったのじゃないか、と思ったことはある。田中、榎本弁護団が、それで攻めてきたら危ないと、ものすごく怖かった」

この元検事の証言を、事件が発覚したときに渡米し、資料の入手やロッキード社のコーチャン、クラッターの嘱託尋問実現に奔走した堀田力《ほったつとむ》元検事にぶつけると、

堀田力

「受け渡しの場所はもともと不自然で子供っぽいというか、素人っぽいというか。恐らく大金の授受などしたことがない人たちが考えたとしか思えない」

と語っていました。

堀田さんは取り調べには直接タッチしていない。だからこそ言える、正直な感想なんでしょうけれど、どう考えても、あの受け渡し場所は稚拙

なつくりごとだと、認めていましたよ。

検事は良心を捨てぬと出世せず——田中

検事なら誰だって田原さんが指摘したことは、わかっている。その通りですよ。田原さんがお書きになったロッキード事件やリクルート事件の不自然さは、担当検事だって捜査の段階から認識している。

ところが引くに引けない。引いたら検察庁を辞めなければいけなくなるから。だから、たとえ明白なでっち上げだと思われる〝事実〟についてマスコミが検察に質《ただ》しても、それは違うと言う。検事ひとりひとりは事実とは異なるかもしれないと思っていても、検察という組織の一員としては、そう言わざるを得ないんですよね。上になればなるほど、本当のことは言えない。そういう意味では、法務省大臣官房長まで務めた堀田さんの発言は非常に重い。

特捜に来るまでは、検察の正義と検察官の正義の間にある矛盾に遭遇することは、ほとんどありません。地検の場合、扱うのは警察がつくってくる事件だからです。警察の事件は、国の威信をかけてやる事件なんてまずない。いわゆる国策捜査は、みんな東京の特捜か大阪の特捜の担当です。

特捜に入って初めて検察の正義と検察官の正義は違うとひしひしと感じる。僕も東京地検特捜部に配属されて、特捜の怖さをつくづく知りました。

検察の正義はつくられた正義で、本当の正義ではない。リクルート事件然《しか》り、他の事件然り。検察は大義名分を立て、組織として押し通すだけです。

それは、ややもすれば、検察官の正義と相容れません。現場の検事は、最初は良心があるので、事実を曲げてまで検察の筋書きに忠実であろうとする自分に良心の呵責《かしゃく》を覚える。

しかし、波風を立てて検察の批判をする検事はほとんどいない。というのも、特捜に配属される検事はエリート。将来を嘱望《しょくぼう》されている。しかも、特捜にいるのは、二年、三年という短期間。その間、辛抱すれば、次のポストに移って偉くなれる。

そこの切り替えですよ。良心を捨てて、我慢して出世するか。人としての正義に従い、人生を棒に振るか。たいていの検事は前者を選ぶ。二年、三年のことだから我慢できないことはないので。ただ、それができないと僕のように嫌気がさして、辞めていくはめになるのです。

リクルート未公開株譲渡は証券業界の常識——田原

初めは事件の全容はわからないから、検察は当然、まず架空のストーリーをつくる。これはわかります。しかし、それからが、あまりにも強引だ。

ストーリーに容疑者を合わせようとする。合わないと拷問まがいの事情聴取で、追いつめて

楢崎弥之助

いく。彼らのつくりあげたストーリーが間違いであろうが、無理矢理、あてはめていく。その過程で検察の正義が醸成されていく。

　リクルート事件を例にとれば、あの事件には現金は絡んでいない。リクルートグループの不動産会社、リクルートコスモスの未公開株を江副と交流のある、政界、官界、経済界の人々に売ったという話に過ぎません。

　未公開株が、上場後、必ず上がるという保証はないので、未公開株を譲渡したからといって、利益供与にはならない。だから犯罪としては成立しない。関係者や親しい人々、社会的に信用のある人に未公開株を買ってもらうのは、どこの企業もやっていることで、むしろ証券業界の常識だった。そのため、初期段階では検察も手が出せず、政界への贈収賄での立件はむずかしいと断念した。

　ところが、リクルートが過剰防衛で、勇み足をしてしまう。リクルートコスモスの松原弘《まつばらひろし》社長室長が、社会党時代から「爆弾発言」で知られる当時の社民連の楢崎《ならざき》弥《や》之《の》助《すけ》議員に、現金五〇〇万円を渡す。それはリクルート問題を調査中の楢崎氏の口封じのカネだった。

　この一部始終が楢崎議員によってビデオに隠し撮りされ、マスコミが一斉に報道。楢崎氏も

「贈賄申し込みの疑いで、松原と、江副リクルート前会長、池田友之《いけだともゆき》リクルートコスモス社長の三人を近く東京地検特捜部に告発する」と記者会見で発表した。

そこで、いけると踏んだ東京地検特捜部が再び動き始めるわけですが、結局、松原単独犯でしか起訴できなかった。

ここからですね。本命の江副の起訴に失敗して、検察がいきり立つのは。江副の起訴を断念し、松原単独と決まった直後から、東京地検特捜部はエースの宗像紀夫《むなかたのりお》副部長を主任としたリクルートコスモス株譲渡疑惑捜査チームを発足させる。

宗像は言っています。

「これは（松原単独犯で終わってしまったのは）検察の恥だ」と。

宗像紀夫

検察の面子を回復するためには、江副をものにしてやっつけなければならない。ここで検察の正義ができるんですね。

また、宗像に「リクルート事件はおかしい」と詰め寄ったところ、「田原さん、経済事件の答えはいくつもあるんですよ」と、わかったようなわからないような言葉で返された。いくつもある筋書きから、検察の正義に合うストーリーを拾い上げていくということなんでしょうね。

検事を見れば検察の本気度がわかる——田中

森喜朗

大きい事件に発展した場合でも、最初は検察の腰は引けている。やる気はあまりないのです。海の物とも、山の物ともわかりませんから。

たとえばリクルート事件。発端は朝日新聞の報道だった。川崎市役所の実力者だった小松秀熙助役が、リクルートコスモスの未公開株を三〇〇〇株、譲り受け、約一億円の利益を得たというスキャンダルでした。

この時点では、川崎という自治体の醜聞に過ぎず、中央政界に飛び火するとは誰も考えていない。

ところが、中央政界の中枢にいる代議士の名が朝日新聞の続報で次々と出てきた。森喜朗《もりよしろう》元文相から始まって、渡辺美智雄自民党政調会長、加藤六月前農水相、加藤紘一《かとうこういち》元防衛庁長官、中曾根康弘前首相、安倍晋太郎自民党幹事長、宮澤喜一副総理、果ては現職の総理である竹下登まで……。

でも、このときもまだ特捜は本気で取り組むつもりはなかったと思う。担当検事のレベルを見れば、それがはっきりわかるのです。当時、僕は検事を辞めて、弁護士に転身したばかり。東京地検特捜部の検事、ひとりひとりの実力はあらかた把握していた。

　担当の検事の名を見て、こいつ事件を潰すなと思いました。たいした検事がついていなかったからです。宗像が出てきて、やっと検察は本気で取り組むつもりになったなと感じた。検察は、いったん本腰を入れて狙った獲物は必ず有罪にする。江副が自分の身の潔白を信じていて主張しようとも、これは通らない。

検察に拷問された江副浩正――田原

　容疑が固まり、身柄を拘束すると、検察の取り調べが始まる。これがひどい。江副の場合を見ても、普通の社会で生きてきた人には、とても耐えきれるものではない。拷問だといってもいい非人道的な取り調べですよね。

　江副弁護側の訴えでは、江副に対して、検事は逮捕前から威圧的で陰湿だったと言っている。江副に関する週刊誌の報道を持ち出し、「女性連れで旅行したことがあるだろう。証拠写真もある」とか、「ずいぶん女性がいるらしいじゃないか」「あちこちのマンションに女性を住まわせている」「酒池肉林の世界にいたらしいじゃないか」などと、事件に関わりない江副のプライバシー、それも根拠のない女性問題を執拗に問い質し、江副の人格を否定しようとす

江副浩正

る。この事実は、担当検事自身が認めています。

精神的な屈辱と同時に、肉体的にも苦痛を与える。江副が意のままにならないと、担当検事は机を蹴り上げたり、叩いたり、大声でどなりつけたり、耳元で罵声《ばせい》を浴びせたり、土下座を強要したりした。

江副自身が、肉体的に最も厳しかったと述懐しているのは、壁に向かって立たされるという懲罰だったそうです。

至近距離で壁に向かって立たされ、近づけ、近づけと命令される。鼻と口が壁にくっつく寸前まで近づけさせられて、「目を開けろ」。目を開けたまま、その状態で、一日中立たされる。しかも、耳元へ口をつけられ、鼓膜が破れるかと思うほどの大声でバカ野郎と怒鳴られる。それが肉体的に本当に苦痛だったと。

このような、実質的に拷問と呼べる違法な取り調べが、宗像主任検事の指示で行われたとされています。

もっとも、僕が宗像に極めて近い元検事に確かめたところ、「そんな暴力的取り調べなどあるわけない。噂がひとり歩きしているだけ。とくに宗像さんは紳士なので、そんなみっともないことなどするわけはない」と一笑に付していましたけれど。

裁判所でも、弁護側が訴える暴力的取り調べが行われたとは認めていない。被告が肉体的、精神的苦痛を検察から受けることはない、というのが前提なのですね。

いっぽう弁護人は、「調書なんかいかようにもつくれる。身柄を拘束して長時間責め立てられ、脅される。肉体的、精神的に追い込まれれば、検事の巧みな誘導についつい乗ってしまう」と反論している。歴戦のプロである検事と、罵詈雑言《ばりぞうごん》、人権蹂躙《じゅうりん》とはほど遠いエリートの世界で生きてきた経営者では勝負にならないと。

調書にサインすれば終わり――田中

殴ったりはしないけれど、世間でまともに扱われてきた人から言えば、検察の取り調べは確かに荒っぽいでしょうね。僕だって、イスは蹴ったし、机もたたいた。ある程度、冷酷な対応をしないと被疑者になめられる。吐きませんから。

ただ、暴力的な行為と一口に言っても人によって感じ方もずいぶん違うし、検事の性格にもよりけり。どちらの言い分が正しいかは、微妙でしょう。暴行うんぬんより、もっと重要なのは、弁護側が言うように、検事は調書を思惑通りにつくれるという点です。日本の司法は調書裁判で、調書の内容ほど裁判の行方を左右するものはない。

裁判所での被疑者の陳述と、検事調書の内容が違ったとします。その場合、とくに調書のほうが信用できることを検事が証明したら、検事調書の内容が真実として採用されることになっている。

どのような内容を裁判官が信用するのか、過去の判例を調べると、次の二点に集約される。具体性があって、論理が明快。そんなの検事は先刻承知だから、具体的な理路整然とした調書に仕立て上げる。検事の調書は筋がしっかりしていて論理的なので、裁判官も抵抗なく頭に入る。だから調書の内容が全部生きる。

かたや、被告の主張は、いくら真実であっても、記憶が曖昧だったり、どこか支離滅裂な部分があるので、圧倒的に検事調書の心証がよい。

普通の人は、連日、検事から責められて辛い思いをすると、事実とは違っていても認めてしまう。しかし、裁判で事実を明らかにすれば覆ると思っているので、裁判に望みを託す。

日本の場合は人質《ひとじち》司法で、罪を認めなければ保釈されないので、なおさらこの罠《わな》にはまりやすい。何日も自由を拘束されて、厳しい取り調べで肉体的にも精神的にも苦痛を受け続けると、一刻も早く家に帰りたいと思うようになる。

事実であろうが、なかろうが、罪を認めれば、帰れる可能性が出てくる。そして、その場から逃れたい一心で、検事の言うがままになる。だが、これは非常に甘い考えです。

と言うのも、一度、調書がつくられて、それにサインしてしまえば、それが事実ではなくても、裁判でも通ってしまうからです。客観的なアリバイなど、よほど明白な証拠でもない限り、弁護士でも検事調書の内容をひっくり返すのはむずかしい。

保釈という餌でみな落とされる——田原

検察は保釈という餌をぶら下げて、ありもしない罪を認めさせてしまうわけですね。

リクルート事件の江副被告のケースもそうだった。過酷な取り調べが続き、最後の段階になると、江副の体がまいる。すると、保釈にしてやるから、検察の言い分を認めろと検察側が弁護側に迫る。

「外に出さないと、江副さんの体がもたない。出すには取引に応じるしかない」と江副弁護側の一部の弁護士が判断し、江副は弁護士のすすめに従い、検事の調書にサインしてしまう。すると、間もなく、保釈になる。検事の思い通りの調書を江副が認めたのが、一九八九年五月一九日。六月六日には、保釈になった。保釈は、事実上、検事によって決められる。検察は、きちんと約束を守ったわけだ。

しかし、検察の意図通りの調書を認めると、裁判では決定的に不利になる。げんに江副は、五年の執行猶予付きながら、懲役三年の有罪判決を受けています。検事調書を公判でひっくり返せる算段でもなければ、一部の弁護士の対応は非常におかしい。みすみす江副を罪人にしてしまうわけですから。

そのことを取り引きした弁護側の一部の人に問うと、「公判戦略以前に、江副さんの体を守ることが先決だった」と説明した。確かに江副の体は衰弱して、精神的にもどん底の状態。保釈された後も、半年以上、口もきけない、何を言っているのか、よくわからないほど健康を害していたという。

それでも、僕は一部の弁護士の対応には納得がいかなかった。だってそうでしょう。本来なら弁護しなければならない立場の人間が、見方によっては、検察とぐるになって江副を有罪にしてしまったとも言えるのですから。

取材していくと、どうやら弁護側に足並みの乱れがあったようでした。「公判の戦略も決めずに、一部の弁護士が勝手に暴走した」といったニュアンスで非難していた弁護士もいました。

信用性の高い調書はでっち上げられる——田中

検事の調書にサインしたらおしまい。弁護側がいかなる高等戦術を用意していても、裁判に勝てる見込みはほぼゼロになる。九九％、有罪です。事実、検察によって起訴された刑事事件の九九・九％が有罪。裁判制度のある国で、こんなに有罪率の高い国はありませんよ。北朝鮮並みです。

語弊《ごへい》があるかもしれませんが、極端に言えば、贈収賄や公職選挙法違反の調書では、どんな事実でも捏造《ねつぞう》できる。

切った張ったの刑事事件なら、物証があるけれど、カネに色をつけるのは言葉。たとえば、渡した側も受け取った側も賄賂と思っていなければ、受託収賄罪は成立しない。言ってみれば、贈収賄は渡す側と受け取る側の心の問題です。

背任罪にしても、個人の利益のためにやったのか、会社のためにやったのかで、判決は違ってくる。たとえ融資が焦げ付いても、会社を儲けさせるために貸したのであれば、背任罪にはならない。どちらだったかは、本人の意思だから、被疑者が自分のためにやったと認めて、初めて罪を問える。

その心の有り様は全部、供述調書に出てくる。言い換えれば、供述調書で言葉として表現するしかない。後は、調書の被疑者の言葉をいかに信用のあるものに仕立て上げるか、ここが検事の腕の見せどころです。とくに特捜の検事は、どんな信用性のある調書でもでっち上げられるテクニックを持っている。

特捜に挙げられた人の多くが、検事に無理矢理強要されて、検事が勝手につくった調書にサインさせられたと、法廷で文句を言う。検事は、被疑者がそう言い出すのはわかっているから、調書にはあらかじめ仕掛けを施している。

たとえば、調書のなかでは、図面をよく使う。被疑者本人に、犯行現場の様子を描かせて、調書に添付する。これをやらせるのは、実況見分が終わった段階で、検事は現場の細かい状況をつかんでいる。検事がつくった実況見分の地図を被疑者になぞらせるわけです。

するると、裁判官が見たらきれいに覚えていて任意で描いているように見えるので、この調書は生きてくる。任意性があって、たいへん信用できると。

ところが、人間、過去の状況をすべてきちんと覚えているわけがない。犯行現場の状況を実況見分通りにきちんと図示すると、おお、立派な調書だと判断してくれる裁判所もあるかもしれないが、反面、あまりにもできすぎていると、逆に信用性がなくなる。弁護士に、「ここまで正確に記憶しているのは不自然だ」と突っつかれる恐れもある。

で、特捜検事は一歩進んでどうするか。位置をわざと違えて描かす。たとえば、四人が部屋でソファに座って、現金を渡し、請託をしたとすると、わざと四人のうちふたりの位置を入れ替える。そうしたら信用性が増す。

話の内容に信憑性を持たせるために、事件に関わる会話だけでなく、女の話を仕込むというテクニックも常套《じょうとう》手段として使われています。

「先生、その後、例の彼女とはうまくやっているんですか」「ああ、あの娘。ありゃあ、ワシの手に負えんよ」などという会話をさりげなく挿入しておく。裁判官は、「二人で女の話までしたんだから、この調書は信用できる」となる。

調書の訂正個所に隠された罠――田中

調書の体裁で言うと、わざと訂正個所をつくっておく。事件の本筋とは関係ない些細なことで。

たとえば田中森一と調書に書く場合、わざと「森」の字を「守」に間違えておく。そして被疑者にでき上がった調書を読ませる。すると間違いに気づいて、「田中森一の『もり』は『守』でなく『森』ですよ」と必ず言うので、「ああ、そうか悪い、悪い。直すわ」とかなんとか言いながら訂正する。事件に関する肝心な訂正個所は他にあるんですが……。

ここまでやられると、被疑者が裁判所で、「検事に脅されて調書に無理矢理署名させられたんですよ。私の言ったこととは違う」と、なんぼ主張したところで通らない。

「あんた、そういうけど、田中森一の『もり』まで訂正しているじゃないか。違うというんだったら、他のところも直しているはずでしょう」と検事に反論されて終わり。裁判所はどうしたって検事を信用しますよ。

こんなの序の口。「あいつが先にこう喋ったから、身には覚えがなかったけれど、やむなく検察の言い分を認めた」と法廷で言い出す被疑者も多い。現実に、もうひとりの被疑者が黙秘していても自白したことにして、検察のストーリー通りに供述させるというテクニックはよく使われる。

でも、「あいつが先に白状したからやむなく認めた」と、いくら主張したところで無駄です。被疑者本人には調書の日付なんかわからない。連日、事情聴取を受けるので、その内容と日付をすべて記憶するのは不可能だ。調書の日付なんて、いくらでも書き換えられる。他の人間が吐いたから仕方なく喋ったと文句を言う奴の調書は、日付を相手より先にすればいいだけのことです。

そうしておいて、「何を言っている。お前が先に喋っているじゃないか」と検事が一喝すれば、被疑者はどうにもならない。だから、調書がいったんできあがってしまったら、弁護士が法廷でいくらがんばっても崩せない。

検察に都合の悪い調書は存在しない——田原

凄いテクニックだ。これじゃあ、狙われて逮捕されたら、おしまいだ。

検察の起訴した刑事事件の九九％以上が有罪になるのは、検察がそれだけ有能だからだ、じゃないんだ。強引で巧妙なんですね。

もうひとつひどいのは、検察にとって都合の悪い調書は裁判のときに出さない。リクルート事件でいくつもあるんですよ。検察が都合の悪い調書は存在しないことにして、出さなかったという例が。

一例をあげれば、当時、公明党の代議士だった池田《いけだ》克也《かつや》氏に対する現金の授受、リクルートコスモスの未公開株の譲渡に携わった容疑で逮捕された小野《おの》敏広《としひろ》リクルート秘書課長のケースです。

小野課長は池田議員の弟、謙《けん》と早稲田大の同窓生で親しかった。謙はカネに窮しており、友人として助けてあげたいと思った小野課長は、リクルートの間宮舜二郎《まみやしゅんじろう》常務に相談して、リクルート関連会社のコスモスライフを通し、謙が関わっているビル管理会社の清雅に、技術指導相談料などの名目で現金を振り込んだり、コスモスの未公開株を譲渡した。これが、検察から池田議員への請託のための賄賂だとみなされて、小野は逮捕される。

池田克也

小野には身に覚えのない嫌疑なので、否定するが、江副と同じように拷問まがいのことをやられ、つい「かもしれません」と言ってしまう。いったん、認めるような発言をすると、検事の思うまま。強引に「そうだったと思います」「そうでした」と調書を書き換えられていくんですね。

この事実を、裁判のときに、小野課長は裁判官に訴えたけれど、裁判官はまったく取り合ってくれない。しかも検察は、都合の悪い調書は「そんなものはない」といって出さない。そして、小野課長が清雅に振り込んだ金も、江副の指示によって池田議員に賄賂として渡されたことにされてしまう。

ＫＳＤ事件の村上正邦の裁判でも、村上に有利な一〇通近い検面調書（検察官面前調書）が法廷に証拠として出されていないと、司法ジャーナリストの鷲見《わしみ》一雄《かずお》が指摘しています。

検事の捜査日誌は二重帳簿――田中

調書は提出しなくていいわけではないけれど、弁護側がすべてを検察に出させるのは、事実上、不可能です。

弁護士が要求すると、裁判所はいつの調書か特定してくれと来る。被疑者本人でさえ、調書の日付なんか覚えていないのに、日付を特定しろと言われてもできない。したがって、検察はいくらでも自分たちに都合の悪い調書は隠せる。

僕の事件でも、一九九七年と一九九九年に起訴された罪状では、論点がぜんぜん違う。一九九七年の論点では、田中森一を捕まえられなかったので、検事は論点を変えてきた。しかし、裁判所は過去の調書を出せとは言わないし、検察が不利な調書を自ら提出するわけがありません。

そのかわり自分たちに有利に働くものは法廷で積極的に出してくる。大規模な事件になると、任意で検事の証人尋問が行われる。検事は必ず応じます。

そのときに小道具として持参するのが、捜査メモ。検事は日々、捜査日誌をつける。取り調べの様子を書いた覚え書きです。

しかし、実はこの捜査に関するメモは、表と裏がある。事実をしたためた表の捜査日誌と、裏帳簿のように嘘を書いた捜査メモとの二重帳簿なのです。

言うまでもなく、裏の虚偽のメモは、裁判での証人尋問を想定して書かれている。実際には、土下座をさせたのは検事であっても、メモでは「本人が土下座して、涙を流しながら喋った」となっているわけです。

裁判官には、それが事実を綴《つづ》ったメモなのか、虚構なのか判別はできない。毎日、検事が調べが終わった後につけているメモだから、その内容は信用できる、となるんです。

特捜の検事なら、こういった高等戦術は誰でも駆使できる。敏腕弁護士がついても、被疑者は太刀《たち》打《う》ちできない。

ワープロ調書の罪——田原

元産経新聞の司法記者でジャーナリストの宮本雅史《みやもとまさふみ》が、『歪んだ正義』という本のなかで指摘しています。検事調書が「ワープロで作成されるようになって以降、その信用性をめぐる疑惑に拍車がかかっている」と。

ワープロが登場するまでは、検事が取り調べのなかで、被疑者や参考人の供述内容をメモし、一段落したところで、検察事務官が、万年筆などを使って手書きで調書を作成した。書き終えたら、検事が読み聞かせて、内容に間違いがないことを確認させ、署名させていた。

手書きだから、検事が後で勝手に書き換えると、インクの濃さやかすれ具合、字の大きさなどが違ってくる。改竄《かいざん》すれば、どこかに証拠が残っている。こうした痕跡によって、疑惑の調書は客観的に判断する余地が残されていた。

ところが、今はワープロ調書。被疑者の供述をメモ帳に書き留め、その後、被疑者のいないところでワープロ打ちして調書を作成するので、容易に内容を書き換えられる。

では、手書きの頃、まともに調書がつくられていたのかと言えば、そうでもない。調書をまるまる一枚差し替えさせるという大技を使った検事もいたそうです。差し替えたページの字数と内容をうまく調整し、スムーズに文章が流れるように、字の大きさを変えたり、様々なテクニックを駆使して。手を加えたことがばれないようにする技術は職人芸だったらしい。

現在はワープロだから、挿入も削除も自由自在。修正した跡も残らないので、いくらでも検察に都合のよい調書を作文できるのです。

ビデオ監視をしても無駄――田中

極端なことを言うと、調書を読み聞かせるときに、飛ばし読みだってできるわけです。被疑者が抵抗するであろうと思われる部分は抜かして。しかし、被疑者はろくろく確かめもしないで調書に署名してしまう。署名さえさせてしまえば、こちらの勝ちです。

供述とは違うと被疑者が言い出しても、「これは法律用語ではこうなるんだ」「お前はそういうけどなあ。これはニュアンスの違いで、内容的にはどっちでも同じなんだよ」「検事の考え方も入れて、つくるのが調書だ」と異議を認めず丸め込み、押し切って修正しない。

被疑者は素人だから、そんなものかと納得するしかありませんからね。特捜の検事にとって自分の意図だけを反映した調書をつくるのは、いとも簡単な技術です。被疑者を丸め込むなんて、初歩の初歩。誰でもできる。

検察に、こうしたねじ曲がった調書をつくらせないために、ビデオで取り調べの様子を撮って監視するという案もありますが、そんなことをしても無駄でしょう。都合の悪いときは、ビデオカメラのスイッチを切ってしまえばいいのだから。むしろ、検察に好都合なところだけを撮影されて、悪用される恐れのほうが強い。

このように、調書裁判というシステムが変わらない限り、検察は何でもできるのですよ。

日本をダメにする「判検交流」――田原

裁判所が半ば検事の言いなりになっているのも、問題ですよね。検事の言うことは信用するけれど、被疑者の証言は割り引いて考えるのでは、被疑者が勝てるわけはない。

判検癒着と騒がれた事件がありましたね、福岡で。判事の妻が、交際していた不倫相手に対するストーカー容疑、脅迫罪で警察の捜査対象になった。これを知った福岡地検は、判事に妻が警察の捜査対象になっているという情報を漏らし、いっぽうで警察に別の女性を割り出すよう指示し、判事が対策を立てられるよう配慮した。しかし、警察は検察の意向には従わず、判事の妻を脅迫罪で逮捕したという事件でしたね。

あの当時、判検癒着の温床として非難されたのが、「判検交流」という制度だった。「判検交流」は文字通り、検事が判事を、判事が検事を経験する制度。お互いの仕事を経験して理解を深めるという目的で、設けられている。趣旨はわかるのですが、裁判所と検察があまり人的に深く結びつくと、馴れ合いになってしまう恐れがあり、公正な裁判はできない。

そもそも裁判官、検事、弁護士の法曹三界はもたれ合いになる要素がいくつもある。

最初の出発からして、一緒に学ぶ。同じ司法研修所で司法修習を受けた後、裁判官、検事、弁護士に分かれるシステムになっている。しかし、若いときに同じ釜の飯を食い、いっしょに過ごすのだから、その後、道が分かれても癒着しやすい。

検事もやめれば、田中さんのように弁護士になる人が大半ですからね。いまの司法制度は何かと弊害がある。市民が参加する裁判員制度が二〇〇九年五月までに実施される予定ですが、果たしてこのような制度の導入だけで正義に基づく公正な裁判が行われるようになるか。抜本的な改革が必要な時期に来ていると思います。

第四章　検察のタブー

知事は検察が触れてはならない存在か——田原

田中さんは、佐賀地検時代、佐賀県知事のスキャンダルを手がけようとしますね。

当時の佐賀県知事は鳥栖《とす》市内にある病院の女性経営者を愛人にしていた。彼女は知事の威光を笠にきて税金をごまかそうと、鳥栖市役所の税務課長を通じ、鳥栖税務署の資産税金課の署員に一〇〇万円を渡す。そして、その見返りとして一〇〇〇万円の所得税を見逃してもらっていた。

その事実をつかんだ田中さんは、公務員同士の間で金銭の授受をおこない、その見返りとして不正行為を働くという斡旋収賄の罪、ひいては知事の汚職事件として内偵捜査に着手した。でも、警察の連中はみんな乗り気でなかった。佐賀地検の幹部も及び腰だった。事件も知事の愛人を起訴できただけで腰砕けに終わってしまった。

また大阪地検の特捜では、当時の大阪府知事、岸昌《きしさかえ》に五〇〇〇万円の隠し預金があることをつかんで、岸を挙げようとした。すると、これまた検察の上層部から待ったがかかった。警察からも妨害があって、事件は不発に終わった。

知事の身辺に及ぶ事件の捜査には、ことごとく内部から邪魔が入る。知事の逮捕は、警察や検察にとってタブーなのですか。

鬼の特捜も財務省には手が出せない――田中

警察が県知事の汚職の摘発をやりたがらないのは、県が予算を握っているからです。県警、道警などの各自治体の警察は、組織上、県の下にあり、県から予算をつけてもらう。警察に予算をつける県の職員にはどうしても甘くなる。

県の頂点に立つ知事はなおさら。余程のことがない限り、うかつには手を出せないとなるわけです。

また特捜は、総理大臣はやっても、予算を握っている財務省はタブーにしているところがある。とくに上になればなるほど、財務省には触りたがらない。

中島義雄

検察の上層部になると、予算の確保が最も重要な仕事のひとつになる。検事や検察事務官の官舎、残業費などをどう分捕《ぶんど》ってくるか、です。これが不正の摘発以上に大切な仕事になっていますからね。

予算を握っている財務省、なかでも予算をつける主計官を狙うことに対しては当然、腰が引けてくるわけですよ。

汚職の噂で辞職した旧大蔵省の中島義雄《なかじまよしお》元主計局次長を見ればわかる。あの人は、カネがらみのスキャンダルが絶えなかった。僕も実際、弁護士になって関わりを持った中岡信栄《なかおかしんえい》から、中島が相当額の金品を受け取ったことを知っている。

中島は予算をつける総本山の大蔵省の主計の実力者だから、職務権限から言えばどの業界とも関係がある。だから検察がやろうと思えばできたかもしれないが、やれなかった。検察のお偉いさんでも、中島に頭が上がらない人がいっぱいいたからですよ。

役所を新しくしてもらったり、官舎をつくってもらったり、予算を付けてくれたのはみんな中島だったからです。

もうひとつの理由は、言ってみれば仲間内だから。

県があって市があって、警察や税務署があるという仕組みでしょう。警察からしてみれば、県や税務署は身内なわけですよ。検察がやりたがらないのも同様の理由です。税務署も警察も検察にとってはパートナーですからね。仲間に手を伸ばすのには躊躇がある。検察庁は警察もやりたがらない。

佐賀の事件のように市職員、税務署員も関わっているとなると、佐賀県警も佐賀地検もなおさら及び腰になる。

斡旋収賄罪はかつては抜けない宝刀だった——田中

佐賀のときは、当時、法律的に斡旋収賄罪として立件するのは非常にむずかしかったという事情もありました。

あの頃は、斡旋収賄をやるのはまさに伝家《でんか》の宝刀。抜かないのが当たり前、抜くなんてあり得なかった。

今は、国会議員でも、ちょっと口利きしただけで挙げますが、当時は斡旋した側、された側が公務員同士というだけでは罪にならない。金銭のやり取りがあっても、職務権限が及ぶ職務上のつながりがないと、斡旋収賄罪にならないとされていたんです。

佐賀の事件を例に取ると、カネを渡した市役所の税務課と受け取った税務署の資産税金課の間に職務上のつながりがなければならない。これを立証するのが至難の業《わざ》で、実際、斡旋収賄罪の判例は、それまであまりなかった。

しかし、僕は、この法律上の問題は突破できるのではないかと思った。僕が新任のときの東京地検の検事正、神谷《かみや》尚男《ひさお》が検察内部の論文に、「公務員同士というだけで職務上のつながりがあり、公務員同士が顔をきかせても斡旋収賄になる」と、斡旋収賄に関して非常に積極的な論を展開していたからです。

斡旋収賄の積極論者が検察のトップにいるので、法的にも勝てるんじゃないか、と思ったわけです。しかも、僕も若いし、血気盛ん。地方のトップといえば、知事でしょう。狙いたくもなる。だから誰にも遠慮せず、ポンポンやりました。

僕は当時から、知事の事件はタブーとは考えていなかった。むしろ、新しい判例をつくり、新しい考え方をつくっていければ、贈収賄の摘発がやりやすくなると闘志を燃やしていた。

現実を見ると、間に人が入って贈収賄をやるという例がたくさんある。なのに、この時代までは、そうした贈収賄事件をほとんどやれていない。だから、我々が新しい考え方をつくらなければいけないという使命感のようなものがありました。

とは言っても、上の許可がないと本格的な捜査には着手できない。佐賀のときは、福岡高検までお願いに出向いた。

法律的なこともあって、福岡高検でも賛否両論でしたが、僕の熱意に負けたんでしょうね。時の高検検事長が、「お前がそこまで言うのならやってみろ」とゴーサインを出してくれたので、やれたんです。許可してくれたのは、検事長が心配するような国税の上のほうが絡《から》んでいるかどうか、まだ見えていない段階だったということもあるのでしょう。

しかし、結局、税務署と市役所、知事の彼女と言われる女性の贈収賄は立件できたけれど、知事まではたどり着けなかった。法律的にいけなかったんです。知事まで手を伸ばすとなると、具体的な供述が要る。しかし、出なかったので、案の定、佐賀県知事は一審で無罪になった。当時は斡旋収賄の立件が非常に困難な時代でした。

「お前は大阪を共産党に戻す気か」——田中

大阪の岸昌知事のときは、大阪地検の上層部が露骨に妨害してきました。知事の金庫番だった出納長が隠し預金、五〇〇〇万円を管理している。それが知事に渡っているという事実を僕が内偵して固めた。出納長をまずやって、知事の汚職事件にしてやろうと意気込んでいました。大阪で知事をやろうとすると、おもしろいわけですよ。検事冥利《みょうり》につきる。

岸昌

そこで、正式に捜査をする許可を上に求めに行った。そしたら、村上流光検事正から一喝された。村上検事正は、海軍兵学校出の怖いオッサンで、「ダメだ。たかだか五〇〇〇万円で大阪をまた共産党の天下に戻す気か。お前は、どこを向いて仕事しとんじゃ」と怒鳴る。

大阪では保守系の岸昌が当選するまでは、長らく共産党の知事が続いていた。やっと保守系の知事が誕生したのに、お前は岸をやって大阪府を共産党の政治に戻すのか、というわけです。

まさに国策捜査の考え方です。それに初めて触れた僕の頭のなかを、「ああ、検事ってこんなものか」という思いがチラッとよぎった。それまでは、「日本中の検事が辞めても、俺一人でも検事をやるんや」と思っていたぐらい、検事という仕事にやりがいと誇りを感じていましたからね。その思いがちょっぴり砕かれて、ちょっとおかしなものが心のなかに芽生えたのです。

と同時に、「何言ってやがるんだ。そんな道理の通らんことに従えるか」という気持ちも強かった。キーマンの出納長に強引でもいいから家宅捜索をかけて、知事を追い込んでやろうと思った。

でも、敵もさるもの、こちらの動きを察知して先手を打ってきたのです。僕が狙っていた出納長が辞表を出して、議会も承認した。出納長がガンにおかされているというのが辞任の理由でした。一九八五年の年末のことだった。

実際、検察にガンの診断書が届き、特捜部長から呼ばれて、「お前、余命幾《いく》ばくもない病人を狙うんか」と嫌みを言われ、その後間もなく、捜査チームは解散になった。

部下もいなくなったけれど、それでも僕は上司の目を盗んで、ひとりで捜査を続けていました。下についていた奴には、正義感の強いのもいて、上にばれないよう休日出勤して手伝ってくれました。

そこまでやったのに実らなかったのは、翌年の三月、僕が東京地検特捜部に転勤になったからです。東京への転勤は、ずっと前に決まっていたことで、知事の捜査とは無関係だったけれど、後で考えてみるに、次のような筋書きだったのではないかと推測しています。

出納長や知事側には検察ＯＢの大物弁護士がついていて、検察のトップと相談をしていた。「田中は来年の三月には東京に行く。それまで何とかしのげば、どうせ、この事件の捜査は終わる。それまでの辛抱だ」と。

そして、決行されたのが、出納長の入院。偽のガンの診断書を医者に書かせた。そうして僕が手出しできないようにした……。

現に、僕が東京に転勤になったのが、三月二六日、出納長が退院したのが、そのわずか三日後です。あのときは、中曾根康弘が裏で動いたという情報もある。そうとは露《つゆ》知らずに僕は一生懸命やっていたわけです。

大阪府のような日本の中心的な役割を果たしている自治体の長が対象になる事件では、中央の政界をやるときのように、やはり国策という視点から、妨害が入るんですよ。

マスコミも触れたがらない同和問題——田原

さて、これはむずかしい問題ですが、国税局とか検察が、同和団体に対しては非常に腰が引ける。同和団体の地区には国税も検察もなかなか踏み込めなかったらしいですね。

読者が理解しやすいように念のために同和問題を改めて解説しておくと——。

同和問題とは、日本社会の歴史的発展の過程において形成された身分階層構造に基づく差別により、国民の一部が今も基本的人権の侵害を受けている、差別が続いているので、解消しなければならないということですね。

直接的には江戸幕府の身分制度にさかのぼる。幕府が封建制度を確立するために、士農工商という世襲的な身分制度を設けただけでなく、さらにその下に別の身分を定め、被差別部落に住まわせた。これらの人達は、いわゆる賤民《せんみん》として扱われ、住む場所だけでなく、職業もけがらわしいとされていた死んだ牛馬に関わる皮革業や屠畜、解体の仕事などに限定された。

明治維新後、江戸の身分制度は廃止されたけれど、被差別部落出身者に対する差別は色濃く残った。

戦後、一九六五年に、この問題の解決をめざし、総理大臣の諮問《しもん》機関として、同和対策審議会が設置され、「同和地区に関する社会的及び経済的諸問題を解決するための基本的方策」について答申が出された。この答申に基づいて、同和対策事業特別措置法が一九六九年から二〇〇二年まで三三年間にわたり施行され、同和地区の生活環境面の改善が行われた。

結果、かつて問題となった所得格差やインフラ整備の遅れ、進学率の低さなどは同和対策事業によりほぼ解消されたものの、就職や結婚での差別は完全にはなくなっていない。

身元調査が行われたり、過去には被差別部落の闇リストである「特殊部落地名総鑑」が、会社の人事担当などを対象に売られる事件が起こっています。

また、被差別部落解放問題に取り組む同和団体の関係者による不正行為の発覚も問題になっている。

でも、うかつな発言があると、さまざまな抗議が来るので、マスメディアも同和問題にはあまり触れたがらず、まともに取り組まないので、半ば、不可侵の問題になっていました。僕が司会を務める『朝まで生テレビ！』では、テーマとして取り上げ、討論しましたが。

とくに関西ではまだまだ同和問題がくすぶっている。関西の検察や国税が同和団体に対して、あまり積極的に手出しをしないのは、やはり差別、人権という大きな問題が背景にあるからでしょうね。

公然と行われていた脱税行為――田中

旧国鉄の総裁だった高木《たかぎ》文雄《ふみお》が、大阪国税局長時代に同和団体である部落解放同盟と文書を取り交わしている。

玉虫色に書かれているので、文書の内容はいろいろな読み方があるのですが、要するに、同和団体に対しては税法上、優遇するというような趣旨の約束をしている。

高木文雄

同和団体の人々にしてみれば、我々は、これまで差別されてきたのだから、税制上恩恵を受けるのは当たり前じゃないかという思いもあるので、いちがいには非難はできないけれど、関西では高木文書を錦の御《み》旗《はた》にして、同和関係者が半ば公然と脱税行為をしていた。

特捜では、国税局や税務署を使って狙いを定めた人物や会社を調べることが多い。この内偵段階で取り寄せた会社の決算書をチェックすると、とても常識では考えられない額が経費として認められているという例があるんです。

たとえば、一億、二億という法外なカネが、経営コンサルタント料として支払われていたりする。一億もの巨額がコンサルタントに支払われること自体、現実にはあり得ないので、税務署に、「こんなアホなコンサルタント料があるかいな。こんなの認められるかよ。反面調査して裏付けを取ってくれ」と言うと、税務署の担当者は弱り果てた顔をしている。

反面調査とは、取引が実際にあったか、金額は正しいかなどを支払い先に確かめることです。でも、これができないと言うんです。

理由を尋ねてみると、「当該の会社の経営者も、経営コンサルタントも同和関係者だから」。

過去の取り決めがあるだけではなく、調べようとすると、差別だと攻撃を受ける。現実に同和団体の若者が「糾弾」と称して、税務署に大挙して押し寄せ、暴力沙汰を引き起こした騒動もあった。

同和団体に圧力をかけられるのを恐れて、同和関係の会社の決算書はノーチェック、フリーパスで通していたわけですよ。

いきなりスッポンポンには面食らった——田中

僕が大阪に赴任した頃、税務署員は事実上、同和関係者の会社や家には立ち入ることができず、税務調査はできなかった。

同和地区では軒先に牛の革をつり下げている家がある。これは被差別部落解放運動の活動家か、その賛同者であることを示す符丁で、家の玄関先にあると、税務署員は素通りすることが、半ば決まりになっていたのです。

国税の協力がないと脱税事件は立件がむずかしい。だから、検察も同和関係者の脱税にはなかなか踏み込めなかった。

同和関係者がちょっとした言動に敏感に反応し、差別だと言うのもわからないでもない。大阪地検時代、私が担当した事件の被疑者には、同和地区の出身者が少なからずいた。彼らの生

上田卓三

い立ちを聞くと、そりゃあ、もう悲惨。私の家も貧乏だったが比べものにならない。想像を絶する貧しさです。食器もろくろくない。お金がないので、学用品も買えず、学校に行けなかった人がたくさんいる。

「だから、ヤクザになるしかなかった。命をカタにして生きるしかない」と言う。もらい泣きしそうになり、涙をこらえたことが何度もありました。

　でも、不正を見逃すわけにはいかない。脱税を認めるわけにはいかないので、どっかでやらんといかんと思って、僕が検事のときに大阪の地検が立ち上がり、部落解放同盟の上田《うえだ》卓三《たくみ》委員長の関係各所をガサ入れした。それ以来、完全ではないが、同和関係に対しても厳しくなりました。

　私も同和地区のガサ入れに行ったことがあります。大阪の特捜だけでは不安だから、何かあったときのために、警察を頼んでおくんですよ。

　こっちも元気だったから、家の中に入って開口一番、「おい、隠すな！」と一喝した。すると、そこの奥さんが、「検事は私に隠すなと言った」と、全部、服を脱ぐ。スッポンポン。

そして、「どこに隠したの。ブラジャーまでとったわ。どこに隠しているというのよ。あんた、嘘ついた。私を嘘つき呼ばわりした。どうしてくれるの。人権侵害やわ。世間に発表したるわ」。これには弱った。

今は、昔ほどタブー視はされていないけれど、同和は日本が長らく抱えてきた根深い問題で、そう簡単にすっきりと片づかない。

偽税理士と国税の癒着——田原

僕は田中さんとは少々とらえ方が違う。同和団体は差別の解消には心を砕いている。それに対して自治体や税務署の人たちの関心は保身だけで、体を張っていない。それどころか、同和団体と癒着することでカネを稼ぎ、しかもエラくなっている。田中さんのように体を張る人間はまったくと言っていいほどいないのです。マスコミも同様です。だから、警察が逮捕し、検察が起訴したときだけワーッと騒ぐ。本当にだらしないと思いますね。

ところで、同和団体が絡んだ事件といえば、大西省二《おおにししょうじ》という偽税理士に関する事件がありますね。

検事から弁護士に転身した田中さんは、中小企業連合会の大西省二の弁護を引き受ける。大西が税務担当部長を務める大阪中小企業連合会、通称、中企連は、部落解放同盟と関係が深い。

部落解放大阪府企業連合会という団体がある。この通称、大企連は文字通り、部落解放同盟に入っている人たち、つまり被差別部落出身者だけが加盟できる組織で、一九六九年に施行された、同和対策事業特別措置法に基づく、大阪府の公共事業を請け負う土建業者が中心になって結成されていた。

それを全国的に展開しようとして、つくられたのが中企連で、大企連も中企連も節税団体だった。はっきり言えば、税金工作をする団体でした。

国税局や税務署に対して、その裏工作をしていたのが大西で、彼が国税局の職員や税務署員に金品を配って中企連の加盟企業の脱税行為を見逃してもらっていた。それが贈賄罪に問われるのですが、田中さんの弁護で無罪になったというのが事件の概要ですよね。

検察時代、田中さんたち検事が摘発していた同和団体による脱税を、今度は弁護士になった田中さんは、擁護する立場になる。どうも納得がいかないのですが、それは後に置くとして、その後に、この大西という男の知人の事業資金を田中さんが用立てしますね。

当時、株で大儲けしていた田中さんは、八〇〇〇万円もの大金をポンと大西に渡す。そしたら、大西は、尼崎競艇《あまがさき》でそのカネを全部、二日ですってしまった。さすがに田中さんも開いた口が塞がらなかったという武勇伝の持ち主だ。めちゃくちゃな男ですね。

賄賂があまりにも多額で事件にならず――田中

大企連も中企連も部落解放同盟の傘下にあり、国会議員だった解放同盟の上田卓三の資金源になっていた。もっとも、中企連は、同和関係者だけしか入れない大企連と違って、誰でも加盟できるんです。そして、同和関係だということで、国税局に圧力をかけて安くする。

飾らずにいうと、税金をごまかしたい連中が集まってくる団体です。

大西も同和地区出身者ではなく、大阪難波のそこそこの家の生まれだと聞いている。食い扶《ぶ》持《ち》を稼ぐために中企連に勤めているだけでした。

大西は同和関係の税金の責任者なので、国税局とはもの凄い癒着があった。大阪地検特捜部がそこに手を入れようとして、まず、資格がないのに税務を担当していた大西を、税理士法違反でパクった。

中企連には資格を持つ正規の税理士はたくさんいる。しかし、税理士が税務署に行ったからといって、税金は安くならない。税理士が税金のごまかしを税務署員に相談したりなんかしたら、資格を剝奪されますからね。

そこで、大西が全部仕切っていた。大西は国税局所轄の大阪管内の六〇か七〇の税務署にカネをばらまいたり、商品券をばらまくわけですよ。個人だけじゃなく、税務署全体の世話を焼く。

たとえば、大阪東税務署が運動会をやると、ミカンとか、ジュースとかをドンと差し入れする。税務署では残業も多い。すると、カップラーメンを山ほど持っていって、「これ、みんなで食べてください」とやる。税務署側も、個人でもらうわけではないから抵抗がない。「助かるわ」で受け取る。

日頃のつき合いを密にやって、過少申告した中企連の加盟企業が槍玉《やりだま》にあがったときに、大西が交渉の窓口として活躍するわけです。

税務署側も同和関係の連中と交渉するより大西に任せたほうが手っ取り早いので、「おい、頼むわ」「わかった。あんじょうやるさかい、任せておいてや。そのかわりちょっと安くしとってや」「ああ、それでいいわ」となる。お互いが持ちつ持たれつの世界で、国税局も助かっていた。

そこまで癒着していると、特定の税務署の人間に税金を安くしてもらおうという意図でカネを渡すことはない。恒常的に飲ませ食わせして、大勢に現金をばらまいているんだから、誰かにとくに何かを頼む必要もないわけです。

大西の弁護を引き受けたのも、国税ＯＢで税理士をやっている知人の紹介がきっかけだった。「大西が、検察からやられそうだから、面倒を見てもらえないか」ということで。大西に会ってみると、おもしろそうな事件だし、大西も素直でかわいい男だったので、弁護を引き受けたのです。

そしたら、翌日、大西が逮捕されてしまった。でも、拘置所に面会にいって、話を子細《しさい》に聞いてみると、勝てると思った。カネは動いても、四方八方に配っていると、趣旨がぼけるので贈収賄の立件はむずかしいと。

そこで、僕は大西に、「絶対贈収賄にならんから、洗いざらい喋れ」と指示した。全部吐いてしまえば、贈収賄をやろうという意図はなく、日頃のつき合いでカネをやった、一種のタニマチ感覚だったとなるので、特捜もどれを事件にしていいのか困る。

なかには最高三〇〇〇万円を役人に渡したケースもあった。しかし、それだけの多額を渡していると、その役人が自分の職務権限を行使していないとおかしいし、そうじゃないと贈収賄には問えない。ところが実際は、国税局ぐるみで便宜を図っているので、もらった役人は何もしていない。

これが逆に一〇〇万円の賄賂だったら、事件になる。何かあったら頼むぞと渡したカネではないかと勘ぐられて。三〇〇〇万円は、その程度の請託にしては多すぎると見なされる。別の趣旨があるのではないか、親密になり過ぎたのだろうとなって、事件の筋がぼけてくる。

普通、被疑者は罪を軽くしようと思って、多額の賄賂は隠し、少額のものだけを喋ろうとする。大西がもし、これをやっていたら、逆効果になっていたわけです。

案の定、大西は税理士法違反だけで贈賄罪には問われず、すぐに保釈、裁判も二回で済んだ。刑期も六ヵ月から一年程度で、執行猶予も付いた。そして、大西はたった四〇日ほどで保釈されました。

大阪地検特捜部の大西事件担当主任の黒田修一《くろだしゅういち》検事は、僕の弟分のような男。そんな関係もあって、やりやすかった。もっとも国税局の行政処分は別なので、大西事件で、国税では二百数十人もの処分者が出て、懲戒免職になった者も四、五人いました。

当時の近畿財務局局長は将来を嘱望されていた大蔵官僚で、間もなく転勤して、竹下登大蔵大臣の秘書になる予定になっていた。僕の元には国税局の顔見知りが来て、「われわれは、局長だけは傷つけてはいかんのです。もし、そうなったら大蔵に対して申し訳ない。先生、局長には傷をつけんでください」と、よく頼んでいきました。

これだけの事件だから、大阪の新聞では毎日、一面でデカデカと書き立てる。記事を読んだ人はみな、大西は税理士法違反では済まない、やがて贈収賄でやられて、その次に脱税容疑で追い込まれると思った。だって大西自身がもの凄く儲けていると報道されていたから。

でも、終わってみたら、税理士法違反だけ。弁護をした田中森一って何者やとなって、僕の株が一気に上がりました。そのかわりマスコミからは、田中はきっと黒田との関係を悪用して、検察と取り引きしたに違いないと、痛くもない腹を探られましたが。

第五章　癒着する地検と警察

東京地検と警視庁はお互いの悪口ばかり言う——田原

検察の主たるパートナーは警察と国税の二つの組織だと思いますが、なかでも検察と警察は、半ば一体となって仕事をしていて、つながりが非常に強い。

基本的なことからいえば、大きく分けると、検察の扱う事件には送致事件と認知事件のふたつがあって、送致事件とは、警察や国税当局、入管・税関・鉄道などの各機関が捜査をし、その後、検察庁に送られてくる事件を指す。

殺人や脱税、不法入国などがそれにあたり、これが検事の仕事の大半を占めていて、地検が扱うのはほとんどこちら。警察や国税が事件を検察に送ることを、マスコミ用語では、送検と呼んでいます。

いっぽう、認知事件は、検事が独自に掘り起こす事件。送致事件のなかに眠っている不正を検事が捜し出す場合や、検事が自分で捜査の端緒をつかんで、刑事事件として立件するケースがある。

この認知事件の中心が特捜部。基本的に、汚職・贈収賄事件など警察が手掛けられない事件を主体に扱う。となるわけですが、警察で扱った事件はほとんど地検に送られてくるわけだから、密接に連携して仕事を進めないと、業務に支障をきたす。

でも、警察と検察はお互いにあまり仲が良くないですね。警視庁に話を聞くと、東京地検の悪口ばかり言う。

東京地検に聞くと、今度は警視庁の非難。「あいつら頭がないから、メチャクチャやる。暴力沙汰を平気で起こす。困ったもんだ」と言ってはばからない。そんなので、仕事ができるんですか。

官官接待もあった――田中

確かに東京地検と警視庁を見ている限り、あまり仲が良いとは言えないかもしれませんね。警視庁は捜査能力も高く、力が強い。そのため、東京地検にライバル意識を持っているからでしょう。

しかし、東京以外では違いますよ。大阪でも、警察と検察は仲がいいんですよ。東京地検と警視庁だけが例外なんです。

地方では、反目していると、お互い仕事になりません。被疑者の処分権を所有しているのは検察だけですから、「一〇〇円未満の窃盗」とか検察庁と警察庁の間で取り決めた例外的な事件以外はみんな、容疑者を送検しなければならない決まりになっている。

だから、反目なんかしていたら仕事にはなりません。とくに大都市圏の地検以外は検事の数も少ないので、なおさら警察の協力が必要です。

僕がいた頃の佐賀地検を例にすると、ヒラ検事は四人しかいない。この人数で佐賀全県の事件を全部処理する。警察は全部事件を検察に持ってくるので、否応《いやおう》なしに仲良くなりますよね。

僕らの若い頃は、今でいう官官接待を警察から受けていた。警察が、ビール券や商品券、お歳暮などをよくくれました。おかげでビール券や商品券は不自由したことがなかった。そして、僕らにくれるビール券や商品券はほとんどが警察でももらいもの。業者から贈られたものでした。

業者も個人に渡すのではなく、「役所で飲んでください。食べてください」なので、受け取るほうも渡すほうもあまり抵抗はなく、賄賂という認識もまったくなかった。それが防犯協会の活動とか警察行政をスムーズにやる一種の潤滑油になっていたんですね。そのおこぼれが僕らにも回ってくるわけです。

日頃、飲ませ食わせをしてもらっていましたよ。そのかわり、こちらも冷たくはできない。警察のあげた事件には、あまりケチをつけなかった。「しょせん警察の責任だからいいや」で。選挙違反なんか、警察のやりたいようにさせていた。あとで述べる鹿児島県の志布志《しぶし》で起こった選挙違反にからむ冤罪《えんざい》事件でも、こんな構図が作用したのではないでしょうか。

ただ、今は官官接待に対しては厳しくなっているので、ゼロではないでしょうけれど、そういう習慣はほとんどなくなっているんじゃないですか。

やり方が下手なだけで選挙違反に――田原

選挙違反といえば、最近の事件では、二〇〇七年七月の参議院選挙で、参院神奈川選挙区から立候補して当選した自民党の小林温《こばやしゆたか》・元議員。彼の元公設秘書と応援をした自民党神奈川県連の職員が、公職選挙法違反で逮捕されて、議員辞職に追いやられた。

僕は、小林はかわいそうだと思った。あの事件を見ると、小林は、やり方が下手だったとしか思えなかったから。

小林温

起訴状によると、選挙の会計責任者でもあった小林の元公設秘書と県連職員は、参院選の期間中、大学生ら二四人にビラを配らせ、小林への投票を呼びかけさせ、その報酬として計一五三万円を支払ったとされている。

公職選挙法は、投票の呼びかけを伴わない事務や労務に対して、一定の報酬を支給できると規定しているが、人を頼んで集票活動をさせ、報酬を払うと違反になる。

カネを払ってビラ配りを依頼したことが、選挙運動への報酬とみなされて、公職選挙法違反に問われたわけです。

でも、選挙運動には人手が要る。いろんな人間を頼む。ウグイス嬢も必要だし、選挙カーの運転手も雇わなければならない。選挙事務所にも応対する人が要る。そういう人に払う日当は、労務に対する報酬だから大丈夫でも、彼らに選挙応援のビラ撒きをさせると、選挙運動にカネを払ったとなって違反になる。

でも、今時、カネを一銭も払わなくて選挙運動をやってもらえるのは、傘下の組織が動いてくれる共産党と、創価学会がバックについている公明党ぐらいのものですよ。

他の政党の候補者は、何らかの報酬を払わないと動いてもらえない。ポスター貼りひとつをとっても、たいへんな労力だから。自民党の議員もみんな、それをどううまく隠すかが勝負なんですよ。

小林は自分の秘書を会計責任者にした。彼は悪いんじゃなくて、下手クソだったんです。

狙うか見逃すかは警察の胸三寸——田中

昔は、ビラを配らせたぐらいで逮捕することはありませんでした。機械的な仕事は選挙運動ではないと見なしていたので。

「あの先生、立派だから投票してください」と、ある程度、裁量行為を持ってやるのが選挙運動で、運転したり、ビラ撒いたりは、実費であって日当。だから報酬ではないのだという解釈だったので、一五年ほど前までは、見逃していた。

おっしゃる通り、選挙の応援をボランティアでやってもらえるのは、共産党と公明党ぐらいしかないけれど、最近では機械的な仕事まで選挙違反だと、バンバンやるようになった。

恐らく小林氏は狙われたんじゃないかな。公職選挙法違反の疑いがある場合には、警察が調べて横浜地検に持ってくる。このときに、警察は全部持ってくるわけじゃないんです。自分たちがやりたくないものについては、警察は隠しておく。

検察庁は選挙違反に関しては警察に任せているので、どんな事件があったか把握していない。警察の胸三寸でいかようにもできるわけです。

そして、警察が選別した容疑を並べて、「どれ、やりましょうか。うちは、これをやりたいんです」と地検にお伺いをたてながら、決めていくんです。

横浜地検にも、小林氏の事件だけでなく、他の候補者の容疑も持ち込まれたはず。それなのに、小林陣営だけがやられたということは、やはり狙われたのでしょう。

とくに、地元警察との結びつきが強い市会議員や県会議員などの地方議員の場合、狙われる人と狙われない人がいる。

実際、「あいつは生意気だからやらせてください」とか、「あれ、悪いんですよ。懲《こ》らしめないと」と警察が言って、地検にあげてくるケースがほとんどです。検事もとくに口を挟むことはなく、「そんなに生意気なんか。じゃあ、それやれや」で許可する。狙われたら哀れなものですよ。

志布志の冤罪事件は県政と県警のでっちあげ——田原

鹿児島県の志布志町（現在は市制施行により、志布志市の一部）の事件がまさにその典型ですよね。もともとは県政のなかの権力闘争が根っこにあると言われている。

志布志町の町会議員だった中山信一《なかやましんいち》氏は二〇〇三年、県議会曽於《そお》郡選挙区から県議会議員に立候補し、選挙参謀と一緒に懐《ふところ》集落という対立候補が地盤とする地区に挨拶に行った。そのとき、住民に現金と焼酎を配って、票の取りまとめを依頼したという嫌疑です。

中山氏が当選後に、警察にたれ込みがあり、県警が動き始めたわけですが、事実無根で、取り調べを受けた人はみんな否定した。

しかし、それでも警察は諦めず、次々と逮捕して違法な取り調べで自白させて、ありもしない事実をでっち上げる。そして、中山氏を逮捕。頑《がん》として容疑を認めない中山氏を一年以上にもわたって勾留し、責めあげた。

結局、鹿児島地方裁判所は、現金の授受が行われたとされる集会のうち二回は日時が特定されておらず、残り二回も中山氏のアリバイが成立するとして、唯一の証拠とされた供述調書の信用性を否定。警察の違法な取り調べで自白を強要されたことを認定し、一二名の被告全員に無罪判決が言い渡された。

検察側は控訴を断念し、二〇〇七年二月に無罪が確定します。しかしその間、罪を認めなかった中山氏は、保釈もされず、勾留中にやむなく議員を辞職。無実を訴えて、二〇〇四年に行われた補欠選に再出馬したけれど、落選。無罪が確定した後に行われた選挙で、やっと県議に返り咲きます。

中山信一

中山氏が出馬した選挙区は、もともと自民党の公認候補が無投票で当選する無風地区。それが無所属で中山氏が立候補したことによって、一転して激戦区に変わった。しかも、中山氏が当選したことによって、自民党の公認候補がひとり落選してしまった。志布志の冤罪事件の背景には、こうしたドロドロした権力闘争が絡んでいると言われている。

警察も、だから執拗に追及したと。県の政治と警察がつるんでいるんですよね。

地方の捜査のネックは濃密な人間関係――田中

警察だって上のほうは県の幹部と仲がいい。酒も飲めば、麻雀《マージャン》をすることだってある。縁戚関係にある人も多ければ、狭い地域社会なら学校のつながりもある。

県庁や市役所の職員にとって、煙たい議員もいます。虐《いじ》められた経験があったりする。自分たちの保身に不都合な人物もいるわけです。あいつだけは議員をやらせたくないと思う。しかし、公務員は表立って特定の政治家を応援はできない。

警察の上層部にしても同じですよ。気にくわない政治家はいる。そしたら、県の幹部と警察の上のほうが会ったときに、「あの議員は一度、やっつけてやりたい」という話になってもおかしくない。そこまで直截的《ちょくせつ》に言及しなくとも、手心を加えてあげようと思う政治家と、逆に足を引っ張ってやろうという政治家が出てきても不思議ではない。

味方になってくれる議員にはどうしても甘くなり、嫌なことを言う奴には辛《から》くなるのが、人情ですしね。人間関係のつながりが濃密な地域社会では、起こりうる現象です。

高知地検時代、高知県の南西部にある宿毛《すくも》市の市長を公職選挙法違反で引っ張ろうとした。当時、市長に当選した林遣は、祖先に明治時代の帝国議会の大臣や衆議院議長を輩出した地元の名家の生まれで、あの吉田茂《よしだしげる》と姻戚関係にあって地元政界の実力者だった。

その林が市長に当選した選挙で、陣営に選挙買収の疑いがあり、摘発に乗り出そうとした。ところが、本来、選挙違反を取り締まる側の県警捜査二課が、「これ以上つっつくのは止《や》めてもらえないか」と言ってきたんです。

さすがに勤務中はまずいと思ったのか、僕の官舎に夜、二課長が、当時は最高級といわれていたスコッチのジョニ黒を提《さ》げて訪ねてきて。せっかくやからジョニ黒はもらって、検察事務官と飲んだ。でも、「捜査は続ける」と県警の頼みをはねつけたので、けりがついたと思っていたんですわ。

ところが、毎晩、酒を持って陳情に来る。初めは、林が地元の名士で、県警の上層部と深いつながりがあり、それで止めてくれと言っているのかな、と想像していました。しかし、それだけでもないらしい。というのは、本来、選挙違反の摘発には積極的なはずの検察幹部までが及び腰だったからです。

そのうちに理由がわかった。当時、最高検にいた総務部長の検事の甥《おい》っ子が林陣営の事実上の選挙参謀だった。この総務部長からも、高知地検の上層部に圧力がかかっていたんです。僕はそういう横槍が入ると、逆に跳ね返してやろう、と思う性格だから、上層部の意向を無視して逮捕に踏み切った。

もちろん、警察の協力がないと逮捕はできない。当時の宿毛警察署の署長が気骨《きこつ》のある人物で、僕の協力者になってくれたおかげで、六七人を検挙できた。林市長本人には届かなかったけれど、林市長は議会で不信任され、辞職しなければならなくなるところまで追い込んだ。

でも、最終的に冷や飯を食わされたのは、僕に協力してくれた宿毛警察署長ですよ。林は出直し選挙で再び当選し、その後二〇年以上市長の座に就いた。一方、摘発した宿毛署長は、市民の反発を食った。

宿毛は早稲田大学の創設に尽力した小野梓《おのあずさ》や、被差別部落解放運動を展開した大江卓《おおえたく》などを出した高知の聖地。その聖地の汚点を世間にさらしたのはけしからんと、お門《かど》違いの非難が署長に集まったんです。この裏には、林陣営の思惑があったと僕は推測していますが。

いずれにしても、地方にはしがらみがある。選挙違反の摘発にしても、人間関係のしがらみが大きく左右するんです。

なぜ検察は警察の横暴を見逃すのか――田原

それにしても、志布志の事件はいい加減ですよ。選挙違反のかけらでもあったのならまだしも、まったくない。煙も立っていないのに、警察は火事を起こしたと決めつけたんですから。

警察のやり方がまた卑怯だ。

最初、県警は選挙参謀を拘束して、自供を取ろうとする。でも、彼は身にまったく覚えのない嫌疑なので、厳しい追及にもかかわらず、否定し続ける。そのうちに体を壊して入院した。

これ以上は、選挙参謀を責められなくなった県警は、今度は、女性に狙いを定める。中山の経営している中山信一商店の事務員だった女性を、贈賄に関わった張本人だと責め立てた。彼女も、もちろん、一切記憶にないので、初めは否認していた。

しかし、連日、拷問まがいの取り調べをやる。か弱い女性は参りますよ。女性事務員は、ありもしない事実をつい認めてしまうんですね。

この供述をもとに、次々と集落の女性を引っ張ってきて、「贈賄側は認めたぞ。お前も素直に認めろ」と、これまた精神的な拷問で迫り、贈収賄があったことにしてしまう。嘘の供述に嘘を塗り重ねさせて。

でっち上げもいいところですよ。検察がストーリーをつくって、それに被疑者をはめ込んでいくとはいっても、まったくの事実の捏造まではやらないはずです。

中山のアリバイが証明されて、警察がつくりあげた虚構の可能性が高いとなって、裁判では全員が無罪になったものの、一歩間違えば大勢の人が冤罪を着せられていた。

これは他人事《ひとごと》じゃない。誰でもいつ何時《なんどき》、志布志の集落の人々と同じような目に遭うかもしれないから。なぜ、あんな警察のでたらめを検察は認めてしまうんですか。おかしいじゃないですか。

忙しくて調書は精査できない――田中

調書上は根拠があるんですよ。本当は事実ではなくても、警察がつくった調書のなかではきれいに筋が通っている。調書には矛盾はない。

裁判所が目に触れる検事の調書で事実かどうか判断するように、検事も警察のつくってきた調書上で筋が通っていれば、あったとしか判断しようがない。

警察から上がってきた調書は、我々にも嘘か誠《まこと》か、にわかには判別できないので、信用するしかない。最初から検察が関わった事件なら、ああはならなかったでしょうけど。

もっとも、選挙がらみの事件は、検事が必ず調書を取る決まりになっているので、本当は、検察がその際、じっくり吟味すればいいのだけれど、鹿児島あたりの地検で、それをやるのは現実的に、無理なんですよ。

地方の県の地検に配属されている検事の数は少ない。せいぜい三、四人です。その人数で次次と警察から上がってくる事件を処理しなければならない。

とてもじゃないが、ひとつひとつ精査していたら、こなせない。機械的に右から左に流すだけでおしまいにしないと。

なかには、「いや検事さん、警察で言わされた」と異議を申し立てる被疑者もいる。しかし、検事が調べなければならない被疑者はたくさんいるので、かかずらっていられない。「ああ、後にしておけ」となってしまう。

せいぜい警察に、「ぐずぐず言うてる奴がいるけど、どうしたんや」と問い質《ただ》すぐらい。警察は当然、「そんなこと言ってますか。それ違うんです」と即座に理路整然と否定するので、それ以上は追及できない。これが地検の現実なんですよ。

日々、取り調べに追いまくられている。地検の検事はたいへんな仕事量をこなしている。だから、志布志のような冤罪事件をなくそうと思えば、検事の数を増やすしかないのかもしれません。

パチンコ業者と警察の癒着――田原

大阪地検特捜部で、田中さんは、ゲーム賭博の事件を手掛けますね。警察史上、前代未聞といわれた、大阪府警のゲーム機汚職事件に発展する。

今でもゲーム賭博はよほどおいしいのか、時折、ゲーム賭博機を置いて客に賭博をさせていた喫茶店主が捕まっている。田中さんが大阪地検にいた当時は、ゲーム機器の賭博、なかでもポーカーゲームが大流行で、マスコミでも大きく取り上げられていた。

大阪では、半ば公然と喫茶店にゲーム賭博機が置いてあり、レジで現金と換えてくれた、客

杉原正

は何の疑問もなくゲーム賭博に興じていたという話があるほど盛んだったと聞く。

違法なのに、それほど多くの喫茶店がゲーム賭博機を置くのは、えらく儲かるからでしょう。数台しか置いていないうらぶれた喫茶店でも、年間一億円の儲けがあったそうですね。凄い額だ。

賭博関係で警察と業者の癒着と言えば、パチンコ店との黒い噂が常に囁《ささや》かれている。パチンコは建て前では、遊戯機器とされていますが、実質、賭博機。出玉は換金できる仕組みになっていますからね。

設置台は、警察の管轄下にあるため、業者やメーカーは警察関係者にカネを渡し、摘発を免れたり、捜査情報を流してもらうなどの便宜をはかってもらっているという噂が絶えない。

合法とされているパチンコでも、癒着があるのは常識だと言われているぐらいだから、非合法のゲーム機器となると、警察との癒着はさぞやひどかったに違いない。でも、警察大学校長の杉原正《すぎはらただし》の自殺で、捜査は尻切れトンボになりますよね。

警察は検察の手足だからやらないんでしょう。仲間だからなあなあで済ます。今でも警察とパチンコ業界の癒着は周知の事実ですよ。警察もやるべきでしょう。

捜査員が家宅捜索で現金をネコババ――田中

警察の汚職に手を突っ込むのは、我々としてもやはりやりにくかったのは事実です。しかし、そうは言っておられんぐらい、大阪では噂が立っていた。業者と警察が癒着していると。事件にする直接のきっかけは、検察庁にたびたびやってくる、あるオバチャンとのちょっとした雑談からでした。このオバチャンは、ある事件で、かつて取り調べした女性で、以来、なぜか遊びに来る。話していると、韓国クラブに入り浸りで、高級時計をはめている警察官がいるという。安月給の刑事が、豪遊などできるはずがない。

内偵捜査をしてみると、彼は大阪の盛り場、ミナミを管轄する南署のゲーム賭博の係で、確かにオバチャンの言う通り、派手な生活を送っていた。調べを続けているうちに、不良警官は何人もいることがわかりました。

業者の会社に天下りした大阪府警のOBが、かつての部下に金品を与えたり、高級クラブで接待して、饗応《きょうおう》を受けた警察官はその見返りとして、ゲーム機器業者にゲーム店への家宅捜索情報を提供していた。そこで内偵から半年後、大阪地検と府警は大規模なゲーム賭博の一斉摘発に動いた。その陣頭指揮をとったのが僕です。

これが、ひどいもんだった。ガサ入れするときは、ゲーム賭博をやっている喫茶店があるという情報を得て踏み込む。どこの店も、インベーダーゲームとか称して、何十台もゲーム賭博機を置いている。店には店長と店員が一人かふたりぐらいしかいないから、すぐにガサ入れは終わる。でも、不可解な現象が起こった。

家宅捜索では、一店舗あたり一〇人の府警の捜査員がゲーム機に入っている現金を回収して、その場で、集計された合計金額を報告させて店員に確かめるんですが、どの店でも決まって予想した押収金額より少ないんです。

店員に「普段はもっと多いはずや」と言うと、店員もクビをひねっている。考えられるのは、捜査員のネコババしかない。実際、家宅捜索の状況を調べてみると、捜査員の一人が、ゲーム賭博機のなかの現金をこっそり何十万も鷲づかみにして、ポケットにねじ込んでいたのを見たという報告もあがってきた。

賭場《とば》をガサ入れすると、カネはそのままにしてみんな逃げるから、現金はいくらでもチョロまかせる。それと同様に、ゲーム機器のカネをポケットに入れる捜査員がたくさんいた。大阪府警全体が腐っていたわけです。

それでも、捜査情報を提供する見返りに謝礼を受け取っていた警官七人を逮捕することはできた。

しかし、それから間もなく、杉原正警察大学校長が首吊り自殺をする。「私の在任中、部下が不始末を起こしたことの監督責任を痛感しています」という遺書を残して。

これをきっかけに、検察内部にも、これ以上やるなという空気が流れ始めるんです。捜査を続けようとするわれわれ現場の検事に対し、実際に上から、「お前ら、何か。俺の友達の杉原さんが自殺したのに、まだやるんか」と皮肉まじりに牽制されたこともあった。府警の本部長と大阪地検の上層部ともなれば、なにかと同席する機会が多くなり、プライベートでも親密な関係になりますからね。

杉原の自殺を機に、警察とゲーム業者の癒着を叩いていたマスコミの論調も風向きが変わり、警察批判はトーンダウンしていった。現場のわれわれも腰が引けるようになって、この事件は尻すぼみに終わりました。

転勤すれば家一軒建った大阪の警察署長――田中

捜査の流れを一気に変えた杉原の自殺ですが、僕は、決してきれいなものじゃなかったのでは、と思っている。客観的に見て、杉原は既に責任を取る立場にはなかった。自殺する必要などなかったからです。かつての部下の不祥事に責任を感じたというのであっても、何も死ぬことはない。辞職すれば済む話です。

じゃあ、なぜ、杉原は、自殺しなければならなかったか――。

当時、大阪で飛び交っていた噂と関係があるのではないかと推測している。当時、大阪の警察署長には、転勤のたびに莫大な餞別が警察に関係する業者から贈られるという噂があった。転勤といっても、たんに大阪市内の警察署を移るだけで。

たとえば南署から東署の署長に転勤になる署長がいたとする。その際、業者が、署長に餞別と称して、現金を渡す慣わしが大阪にはあった。

しかもバブルの最中だから、その額たるや半端じゃない。合計すると、ちょっとした家一軒を買えるほどだと言われていたので、一〇〇〇万円、二〇〇〇万円ではきかなかったはずです。大口はパチンコ屋で、違法性が高い業者ほど、多額の餞別を贈ったとされている。摘発されたゲーム賭博機の業者も混じっていた。

署長ともなれば、大きな権限を持っている。餞別として多額の現金を贈るのは、後々までお目こぼしにあずかりたいとの魂胆があったに決まっていますが、それが即、賄賂になるかどうかは別にしても、もし、その事実が明るみに出ると、マスコミや世論から袋叩きに遭うことは目に見えている。

杉原は大阪府警のトップ、本部長を務めた人です。大阪を去るときに、集まった餞別も尋常な額ではないとの噂だった。死者にむち打つようで忍びないけれど、そこらあたりの裏事情が、杉原を自殺に追い込んだのではないかと見ています。

第六章　検察の走狗となるマスコミ

特捜の情報操作で悪徳政治家にされた藤波孝生——田原

リクルート事件で有罪になった藤波孝生元官房長官を担当した弁護士に、匿名を前提にインタビューしたことがある。

この弁護士は当初、江副浩正被告の弁護を頼まれたが、「カネはふんだんにあるから」という江副側の言葉が逆に引っかかって弁護を断った。ちょうどそのとき、元最高裁判事で、ロッキード事件で元全日空名誉会長だった若狭《わかさ》得治《とくじ》被告の弁護を担当していた横井《よこい》大三《だいぞう》弁護士から、「藤波弁護団に加わってくれないか」との要請を受け、参加した。

なぜ、藤波の弁護を引き受けたのかと問うと、こう説明していました。

当時、マスコミは江副はもちろん、藤波も叩きに叩いていた。ともかく藤波は悪い奴だ、汚い政治家だと。藤波はよく知っていますが、彼は当時、金権の臭《にお》いのないきれいな政治家のひとり。世間のイメージも悪くはなかった。それをマスコミがぶち壊すんですね。

その裏にあったのは、検察のリーク。夕方、四時頃になると、東京地検特捜部の次席検事の部屋に、新聞記者が呼ばれる。そして、検事がさまざまな情報をリークする。藤波はこんなにあくどい奴だとやるわけです。

その一方で、検察は自民党内部に詳しい記者たちから、政治家としての藤波を否定するよう

藤波孝生

な情報を聞き出す。そして、政界は藤波のような悪い人間がゴロゴロしている、とんでもない世界で、それを浄化できるのは検察しかないというプロパガンダを繰り広げ、世論を検察に有利な方向に導こうとする。それにマスコミは全面協力していた。

僕がインタビューした弁護士は、藤波を人間として評価していて、彼が不当に貶《おとし》められていくのが許せなくて弁護を引き受けたのだと語っていました。

リクルート事件を振り返ると、検察によって情報が流され、マスメディアが、無批判にそれに乗って、被告や関係者たちについて「極悪」の印象を焼き付ける情報をジャンジャン流した。マスメディアが検察のPR媒体の役割をつとめ、正義の検察、悪の被告というイメージを定着させるわけです。

その結果、裁判官は怒りの世論の全面的支援を受けた「正義の検察」を裏切れなくなって、検察の描いた筋書きに従ってしまったという構図が見えてきます。

マスコミは検察の言いなり——田中

大マスコミは検察の言いなりやからね。

井内顕策

現場で見ていても、新聞やテレビといった大マスコミは、検察に上手にコントロールされているという感じがする。大マスコミによる検察批判なんて考えられませんね。

特捜の扱う事件は、下手に情報が漏れると、事件が潰れかねない。だからマスコミへのガードは非常に堅く、記者が接触できるのは、たとえば東京地検の場合、特捜部長と副部長に限定されていて、第一線の現場の検事への接触は禁じられている。もし、これを破ったら、検察への出入りは禁止です。接触した検事も異動させられる。

最近の例で言うと、二〇〇三年、井内顕策《いうちけんさく》が東京地検特捜部長に就任したときに、朝日新聞が書いた記事が、検察の逆鱗《げきりん》に触れた。井内がＫＳＤ事件で村上正邦元労相を取り調べたときに、村上に「国会で嘘なら腹を切るといったが、それならここで切ってみろ」と言ったと暴露して。

井内は怒り心頭で、朝日新聞を出入り禁止処分にした。出入り禁止処分にはランクがあって、軽いのは特捜部への出入り禁止。少し重くなると、地検への出入り禁止となり、ひどいと検察庁の庁舎内への立ち入りも断られる。

一方、取材する側の司法記者から見れば、特捜が手掛けるのは社会的な影響の大きい事件なので、スクープできれば手柄になる。裏を返せば、他社に抜かれるとクビが危ない。そこで夜討ち朝駆けで、特捜部長や副部長から情報を聞き出そうとするわけだけれど、覚えがめでたくないと、喋ってもらえない。

検察に不利益なことを少しでも書く記者には、部長も副部長も一切、情報を教えません。だから、どうしても検察側の代弁に終始してしまう。

仮に、これに疑問を感じて、独自の取材を展開し、すっぱ抜いて報道したら、「てめえ。事件を潰す気か」と、検察側の怒りに触れる。記事を書いた記者だけでなく、その社の人間は、出入り禁止。情報がまったく入ってこなくなる。マスコミにとっては致命的な状況に置かれるわけです。

村上正邦

検察とマスコミでは上下関係ができていて、マスコミは検察に対しては無抵抗状態というのが現実です。

二〇〇五年の年初、東京地検特捜部長の井内顕策が、「マスコミはやくざ者より始末におえない悪辣《あくらつ》な存在です」と書いた文書を、司法記者クラブに配付するという事件があった。しかし、そこまで誹謗されても、記者たちは何の抵抗もなしです。どこの新聞社も記事にもできなかった。

大衆迎合メディアが検察の暴走を許す――田原

マスコミを踊らすなんて、検察にとっては朝飯前なんですよね。

最近の事件で言えば、堀江貴文の事件。堀江は拘置所に入っているにもかかわらず、マスコミには堀江の情報が次々と出てきた。あれは検察がリークしたとしか考えられない。

最近はとくに意図的なリークによって世論を煽《あお》り、有罪にできなくとも、世論に断罪させて社会的責任を取らせようとする傾向が強くなったように思う。

情報操作によって世論を喚起した事件として思い出すのは、沖縄返還協定を巡って一九七二年に毎日新聞政治部記者、西山太吉《にしやまたきち》と外務省の女性事務官が逮捕された外務省機密漏洩事件です。

西山記者が逮捕されたとき、「言論の弾圧だ」「知る権利の侵害だ」という非難が国民の間で上がった。

そこで、検察は起訴状に「西山は蓮見《はすみ》（女性事務官）とひそかに情を通じこれを利用し」という文言を盛り込み、批判をかわそうとした。この文言を入れたのは、のちに民主党の参議院議員になる佐藤道夫《さとうみちお》。

西山太吉

佐藤道夫

検察のこの目論見《もくろみ》はまんまと成功、西山記者と女性事務官の不倫関係が表に出て、ふたりの関係に好奇の目が注がれ、西山記者は女を利用して国家機密を盗んだ悪い奴にされてしまった。

本来、あの事件は知る権利、報道の自由といった問題を徹底的に争う、いい機会だったのに、検察が起訴状に通常は触れることを避ける情状面をあえて入れて、男女問題にすり替えたために、世間の目が逸《そ》らされたわけです。

西山擁護を掲げ、あくまでも言論の自由のために戦うと決意していた毎日新聞には、西山記者の取材のやり方に抗議の電話が殺到、毎日新聞の不買運動も起きた。そのため、毎日は腰砕けになって、反論もできなかった。

さらに特筆すべきは、検察の情報操作によって、実はもっと大きな不正が覆い隠されたという事実です。『月刊現代』（二〇〇六年一〇月号）に

吉野文六

掲載された、元外務省北米局長の吉野《よしの》文六《ぶんろく》と鈴木宗男事件で連座した佐藤優の対談に次のような話が出てくる。吉野は西山事件が起きたときの、すなわち沖縄返還があったときの北米局長です。

その吉野によると、西山記者によって、沖縄返還にともない、日本が四〇〇万ドルの土地の復元費用を肩代わりするという密約が漏れて、それがクローズアップされたけれど、これは政府がアメリカと結んだ密約のごく一部にしか過ぎず、実際には沖縄協定では、その八〇倍の三億二〇〇〇万ドルを日本がアメリカ側に支払うという密約があったというのです。

このカネは国際法上、日本に支払い義務がない。つまり、沖縄返還の真実とは、日本がアメリカに巨額のカネを払って沖縄を買い取ったに過ぎないということになる。

こうした重大な事実が、西山事件によって隠蔽されてしまった。考えようによっては、西山事件は、検察が、佐藤栄作政権の手先となってアメリカとの密約を隠蔽した事件だったとも受け取れるんです。

西山事件のようにワイドショー的なスキャンダルをクローズアップして事件の本質を覆い隠す手法を、最近とみに検察は使う。

鈴木宗男がいい例でしょう。鈴木がどのような容疑で逮捕されたのか、街を歩く人に聞いてもほとんどがわかっていない。あの北方領土の「ムネオハウス」でやられたのだとみんな、思い込んでいるんですよ。しかし、実は北海道の「やまりん」という企業に関係する斡旋収賄罪。しかも、このカネは、ちゃんと政治資金報告書に記載されていたものだった。

興味本位のスキャンダルは流しても、事の本質については取り上げようとしないメディアも悪い。いや、大衆迎合のメディアこそ、検察に暴走を許している張本人だといえるかもしれませんね。

まるでGHQの検閲体制下のように——田原

現在の検察とメディアの関係を見ると、戦前、軍部が行った、あるいは戦後、GHQが日本のマスコミに課した検閲体制とさして変わりないという感じがします。昨今の検察ファッショにはメディアも加担していると一部のジャーナリストが厳しく批判していますが、そう言われても仕方がない状況がある。

ある意味、検察の情報統制は現場の記者たちにとっても都合がいい。抜きつ抜かれつのスクープ合戦に神経をすり減らさなくても済む。夜討ち朝駆けで記者が抜け駆けしようとしても、今のシステムでは、特捜部長や副部長が、決定的な情報をどこか一社だけに洩らすことはないでしょう。

もし、何かの拍子でスクープめいた情報を聞かされても、記者は用心のため、検察に了解を取って記事にするので、ある一定のラインまでしか書けない場合が多い。言ってみれば、ぬるま湯に浸《つか》っていられるわけです。枕を高くして寝られる。

マスコミの報道については、検察のほうも組織全体としてだけではなく、検事個人にもメリットがある。自分が担当した事件が新聞で大きく報道され、世間から注目を集めると、その検事の評価も上がって、出世の道が開ける。

また、新聞の報道は検事の励みにもなる。田中さんも佐賀地検時代に、マスコミに自分の事件が取り上げられたときの心境を、『反転』でこう書いていらっしゃいますね。

「県警の知能犯のベテラン刑事を指揮し、立件していく。すると、自分の手がけた事件が、デカデカと新聞の紙面を飾る。やはり、悪い気持ちはしない。それどころか、まるで自分ひとりで世間を動かしているかのように、偉くなった気分になっていった。それもあって、よく働いた」と。

さらに撚糸《ねんし》工連事件。ロッキードから一〇年ぶりの代議士の逮捕になっただけにマスコミは大きく報道した。そのおかげで、東京に来たばかりの田中さんの評価はグンと上がる。

検察とマスコミは持ちつ持たれつ。ギブアンドテイクの関係だ。

禁じられていてもマスコミを味方に——田中

確かにマスコミの報道は励みにはなったけれど、第一線の検事は接触だけでなく、マスコミを利用することも原則として禁止されているんですよ。大阪の特捜でも一緒で、自分から取り上げてもらって、得点をあげるようなことはできない決まりになっている。

でも、僕は大阪の特捜時代から、上司の目を盗んで接触していた。自分なりの考えで、マスコミとはかなり深くつき合った。もちろん、意図的にリークするためじゃなく、情報収集の手段として。

ありとあらゆるところに情報網を張っておくのが特捜の検事です。そして事件になりそうな疑惑をつかんだら、潜行して内偵捜査を続け、目処《めど》が立ったところで上司に報告し、捜査チームが組まれる。

特捜の検事としてネタを拾おうと思ったら、一番の情報源はマスコミです。一般の人々に情報源を求めるのはむずかしい。普通の人を協力者にした場合、ガセネタをつかまされ、利用される恐れがあるし、情報料というカネも絡む。しかも、情報の信頼度もネタもとによってまちまちです。

協力者が地下人脈に通じているアンダーグラウンドな人物なら、確かにおもしろいネタが入る。でも、一方で、カネをつかまされ、裏社会に取り込まれて、ミイラ取りがミイラになってしまう恐れもある。検察側、検事側がケガをするリスクが高くなります。

かと言って、ただ手をこまねいていたのでは、良い情報は入ってこない。とくに大阪では。東京だと、週刊誌などいろいろなマスメディアがあって、事件につながりそうなネタを記事から拾うことができる。たとえば、東京地検特捜部で手掛けた三菱重工CB事件のように。しかし、大阪あたりではそうはいかんのです。中央のメディアは東京中心の情報ですからね。するると、巷《ちまた》にある情報をキャッチできて、しかも信頼度が高いネタもとで、検事がつき合える人たちとなると、マスコミの人間しかない。これが僕の考えでした。

ただ、事件前に裏切られて、特ダネとして記事になり、事件が潰れるリスクはつきまとう。けれど、素人を協力者にした場合と違って、金銭的問題で自分の地位を脅かされるようなリスクはありません。

だいたい現場の記者連中は、検事と感覚が似ている。足で稼いでネタを拾ってくる。僕も検事のときは歩き回って事件のネタを探した。張り込みまでやった。

似た感性なので、現場好きの有能な記者は、見ていればだいたいわかる。そこで信頼できそうな記者をピックアップして、一緒にネタを探し、情報収集、内偵調査をやっていましたね。上にバレればたいへんなことになったでしょうが。

第七章　検事のカネ、酒、女

裏金づくりを告発寸前に逮捕された公安部長——田原

田中さんと同じように検察から付け狙われて不当逮捕された三井環《みついたまき》の事件に触れたい。大阪高検の公安部長だった三井は捜査情報を得ようとした元ヤクザから飲食や女性の接待を受けたなどとして、二〇〇二年に収賄や公務員職権濫用などの罪に問われて、逮捕、起訴された。

この事件の背景にあったのが、調査活動費（調活費）と呼ばれる検察の裏金。ある検事正が夫人をともなってゴルフを楽しむなど、検察上層部が調活費を不正に使用していることに義憤を感じた三井が告訴をしようとした矢先の逮捕でしたね。このタイミングから見ても、口封じを狙って逮捕したとしか思えない。

調活費は、そもそもは、検察庁が治安維持の目的で過激派などを調査するために設けられた予算だった。その性格上、使途は明らかにできないとし、外部のチェックを受ける必要もないということで、検察庁の裏金づくりに使われていた。

三井によるとピーク時の一九九八年には、六億円近いカネがプールされていたそうですね。ただし、この調活費を使えるのは、検事総長をはじめ、最高検次長検事、各高検の検事長、各地検の検事正ら検察の上層部に限られていた。これを利用して私的に流用していた上層部もたくさんいた。ゴルフに行ったり、クラブで遊んだりですね。

　この調活費、検事総長や法務大臣はその存在を公式には認めていないけれど、あったに決まっている。

法相も検事総長も偽証罪――田中

　三井の事件、検察の内部にいた僕らからするとちゃんちゃらおかしい。二〇〇〇年まではわけのわからん調活費なる裏金は確かにありました。

　だって、僕自身、上司に頼まれて、調活費を引き出すための領収書をせっせと集めてたんですから。プールされた調活費で、検事正に、僕らもゴルフや料亭に連れていってもらっていた。素直に、「ありがとうございます」ですよ。

三井環

　なのに、法相も検事総長も国会で現在も過去もないような答弁をしているんやからね。偽証罪に問われてもおかしくない。かたや、三井は組織ぐるみでやっていた検察の不正を覆い隠すために、罪人にされてしまったのだから、気の毒ですね。

調活費は、今はなくなったけれど、それに近いものはある。それは、選挙違反を検挙したらもらえる特別報奨金です。

殺人や窃盗といった事件は、この管内では一年間にどれだけあると、統計からおおまかに読めるので、年間の予算がつけられるけれど、選挙違反は見通しが立たない。

そこで、公職選挙法違反の捜査に関しては、法務省の予備費のなかから支出されることになっている。だから、選挙違反を検挙すれば、特別報奨金も出るんです。僕らのときは、公判請求で、ひとりにつき五万円だったかな。

略式で、罰金なら三万円。起訴猶予で一万円。起訴猶予は、ざっくばらんにいえば、「犯罪になるけど許しますよ」だから、本人が知らない間に被疑者に仕立て上げて、起訴猶予でボンボン落として、予算を分捕ることもできるわけですよ。

やり過ぎると、本庁から目をつけられるから、無茶苦茶はやっていなかったけれど、そういう手口も使っていました。これも一種の裏金づくりですよ。

もっとも、誤解のないように言っておきたいのは、選挙違反の摘発は儲けたいからやるわけじゃない。日本の選挙は昔から馴れ合いで、カネをやってうんぬんだから、ある程度の選挙違反は摘発して、警鐘を鳴らさなければならないという使命感のほうがもちろん強い。

かといって、なんでもかんでも摘発し、やりすぎると、政治に混乱をきたし、かえって国民の不利益につながってしまう。だから、どっかを拾い出さなければならん。選挙違反の摘発は、検察や警察にとっては、ワーッと騒いで警告を発するお祭りみたいなものです。

検事・裁判官はこんなにも高給取り——田原

国会で、判事や検事は給料が高給だ、けしからんと、取り上げられたことがありましたね。資料は古いのですが、司法記者の村串栄一《むらくしえいいち》が書いた『検察秘録』に、二〇〇一年の検事の年収が載っています。

報酬・俸給、調整手当、期末手当などを含めた年収は、検事総長で二八九六万四〇四〇円、東京高検検事長で二五六九万二二四〇円、検事長や次長検事、検事正などの上層部はみんな二〇〇〇万円プレイヤーです。初任給も五〇〇万円以上。民間企業でこれほどの高給をくれるところはありませんよ。

しかし上にはまだ上がある。二〇〇一年七月一日現在、他省庁の事務次官以上の年収を支給されているのは、検事のうち六四人。まあ、これだけでも凄いのですが、裁判官になると、なんと二五一人。

裁判官はもらいすぎだと思いますが、検事も高給だ。しかし、考えてみると、司法試験に合格するまでに、時間と費用をかけた人もいる。仕事もきつい。実感としてどうでしたか。検事は割に合うと思いましたか。

金銭的には割に合わない商売だったが――田中

僕らの時代は、検事の仕事はきつい割には実入りが少ない仕事でした。一ヵ月の残業は、だいたい二三〇時間です。土曜も日曜もない。深夜まで働く。地検では人手が足りないし、特捜では調べなければならないことがたくさんある。この残業は、検事を辞めるまで、ずっと続いた。

そこまでハードに働いても、残業手当はまったく支給されません。じゃあ、基本給が高いのかというと、普通の公務員の一・五倍ぐらい。カネという点では、検事は割に合わない商売だったんです。

いまはずいぶんと待遇は改善されています。以前と違って、残業手当も出れば、休日出勤手当もつくようになった。それはそれでよかったのですが、検事の待遇改善が、検察事務官との壁をつくったと指摘する人もいます。

検察事務官は、昔から残業手当も休日出勤手当も支給されていた。当時は、手当もつかないのに、休みの日まで働く検事のためにがんばろうという事務官が多かった。しかし、今は検事もそれなりのカネがもらえる。

しかも、事務官は実質、手当は半額支給なのに、検事は全額支給。事務官からすると、休みの日まで引っ張り出されて、向こうは全額、こっちは半額。おもしろくないわけです。休日出勤手当欲しさに、休みの日にまで出てくる検事につき合えるかという不服も出てくる。本給も検事のほうが高いですからね。

現場では、検事と事務官の待遇面での格差が問題になっていると聞きます。待遇は僕らの頃より良くなったとはいえ、仕事も競争も激しい検事の世界は厳しいと思いますよ。おカネはどうであれ、好きじゃないと勤まらない。

赤レンガ派と現場捜査派——田原

出世競争の話が出てきたところで、法務・検察の組織について整理しておきたいと思います。

検察には官名と職名があり、検察官は官名で、検事は職名。検事総長、次長検事、検事長、検事および副検事を検察官と呼ぶ。

法務・検察という組織は、他の省庁と機構もまったく異なっている。検察組織は、法務省から独立して権限を行使できる特別な機関であっても、人事面では法務省と検察庁が密接に結びついているというややこしい関係です。

とくに他の省庁と違うのは、事務次官ポストの序列。他省庁では事務方のトップだが、法務

・検察では、法務大臣、検事総長、東京高検検事長に次いで、四番目に過ぎません。しかも、事務次官や官房長、刑事局長なども検事。すべての枢要ポストを検事が占めているというわけですね。そのため、いわゆるキャリア（第I種国家公務員試験合格者）の数は、他省庁に比べると少ない。

各地検の勤務を経て、将来を嘱望《しょくぼう》された幹部候補は法務省に配属され、法律の立案に携わります。この法務省勤めを長く経験するエリートが「赤レンガ派」。そして、検事時代の田中さんのように、主として現場で捜査にあたる検事が「現場捜査派」。ちなみに赤レンガ派は法務省旧館が赤レンガの建物であることからきている。

司法試験合格者のうち、検察官の道を選ぶのは毎年、三〇〜五〇人ほど。この新任検事のなかから、将来の幹部候補生が選別されていくわけです。エリート候補の赤レンガ派と現場捜査派は、どこで分かれるんですか。最初から幹部候補は決まっているんですよね。具体的には東大卒ですか。

取り調べ能力はないエリートたち——田中

学歴からいうと、東大出身者が主流、京大出身者が若干混じる。あとは少数、他の旧帝大卒というところでしょうか。閨閥《けいばつ》の後ろ盾で、赤レンガ派の一員として名を連ねている検事もいます。

彼らは僕らとは段違いの成績で入って、当初から出世が約束されており、捜査現場の事情聴取ひとつをとっても優遇されていて、参考人程度の取り調べしかしない。というより、それしかできんといったほうが正確でしょう。はっきり言って、取り調べの能力はありません。

そのかわり、頭の切れでは、僕らはかなわない。つまり、法案づくりのスペシャリストです。赤レンガ派の超エリートは、初めから法務省に配属になります。

かたや現場捜査派。こちらは、出世は非常にむずかしく、検事総長まで昇り詰めた人はほんの一握り。岡山大学の先輩、吉永祐介や京大卒の土《ど》肥《ひ》孝治《たかはる》などは、現場捜査派から検事総長までいった例外的な存在です。

土肥孝治

出世レースの第一関門は、まず一人前の検事になれるかどうか。一人前の検事になるまでの配置順序はほぼ決まっていて、司法試験合格後、司法修習期間を経て、最初に配属されるのは東京、大阪、札幌、名古屋、神戸、福岡といった政令指定都市にある「A庁」と呼ばれる大きな地方検察庁です。

A庁で一年の見習い期間を経た後は、地方の検察に異動になり、二年勤め、再びA庁入りして二年。A庁では初め、刑事事件の裁判を担当する公判部に配属になるのが一般的です。A庁の公判部には一年、さらに刑事部で一年の経験を積んで、一人前の検事になる。つまり、入庁から五年で独り立ちするんです。

全員が一人前の検事になれるわけではなく、その間、何の手柄も立てられなければ、出世コースから落ちていく。

現場捜査派の憧れは特捜のポストです。特捜は認知事件の中心地。自分で事件を捜査して掘り起こすんだから、やっててもおもしろいし、成功すれば評価も上がる。吉永や土肥のように、検事総長になれる可能性も、少しは出てきます。

でも、たいていは特捜へは行けず、よくて地検の検事正どまり。早々と退官し、ヤメ検弁護士になるのが通例です。

妬み、嫌がらせ、足の引っ張り合い——田原

女性問題を起こして出世ラインを外れた、途中で闇社会に取り込まれ、スキャンダルで転落した、あるいは、世渡りがうまくて能力以上に認められた。検事総長レースの途中には、さまざまなドラマがあるようですね。

とくに、田中さんのいた特捜は、現場捜査派の出世コース。謀略もあれば、嫉妬もある。情

報操作はお手のもののエリート検事たちがやり合うんだから、さぞかしドロドロとした闘いが繰り広げられているんでしょうね。

田中さんも、撚糸工連事件で手柄を立てたあと、やられていますね。当時、田中さんは東京の官舎に単身赴任。兵庫の家に奥さんを残していた。すると、東京で田中さんが女性検事と浮気をしているという嫌がらせのたれ込み電話が、兵庫の奥さんにかかってきた。

仕事場でも、気に入らない先輩が主任をつとめる事件では、わざと調書を取らない検事がいたり、東京ではかなり陰湿な足の引っ張り合いがあったようですね。実際、田中さんは、「大阪地検にずっといたのなら、検事を辞めていなかっただろう」と振り返っている。

司法界では、「関西検察」という言葉があり、ちょっと前までは、大阪の検察は西日本の検察人事に東京サイドが口をはさむのを嫌い、関西出身の検察首脳で人事を決めるしきたりがあった。大阪のほうが東京より人間関係もずっと密。関西検察一家で育った田中さんは、東京の検察の薄情な空気に馴染めなかったわけですね。

伸び伸びの大阪、締め付けの東京——田中

所帯の大きさがまったく違いますからね。検事の数だけを比較しても東京地検は大阪地検の三倍以上、検事だけでも約二〇〇人、事務官を入れると七〇〇人以上いる。これだけ大勢いる

と、どうしても人間関係が希薄になる。大阪なら、毎日のように顔を合わす人間ばかりだけど、東京ではセクションが違っただけで、名前もろくにわからない。

しかも、大阪は所帯が小さいこともあって、仲間意識が強い。一緒に酒も飲むし、遊びもする。気心がみんな知れていて、家族的な雰囲気がある。刑事部、特捜部といった垣根はまったくないし、文字通り関西検察一家です。

そして、大阪地検では上からの締め付けもほとんどない。自由奔放に仕事をさせてもらっていました。

ところが、東京に行くとまったく逆。出世競争にしのぎを削る人間の保身術なんだろうけれど、上がすぐに締め付けてくる。

気性が激しい僕は、締め付けられると、途端に意欲が湧いてこなくなる性格です。だんだん自分の気力が失《う》せていくのがわかりました。

しかも、東京では抜け駆け、手柄の独り占め、横取り、なんでもありで、僕の許せんことばかり。大阪と完全に正反対で、まったく水が合いませんでした。

第八章　ヤメ検業界の内幕

なぜいかがわしい顧客を選んだのか――田原

東京地検特捜部にいる間に気持ちが切れた田中さんは、一七年も勤めた検察を辞める決心をしますね。

ちょうど辞める直前に、『文藝春秋』に、「東京地検を告発する！　特捜検事はなぜ辞めたか」という田中さんの記事が出る。

それは田中さんが書かせたものではなく、偶然ひとりのジャーナリストが注目してまとめたものだったけれど、田中さんの記事が知れ渡り、開いたばっかりの弁護士事務所は千客万来になる。大企業も顧問になってくれと、押し掛ける。松下電器も来た、三和銀行も来た、大和銀行も来た。大阪の一流企業がいっぱい来た。

願ってもないスタートだ。ツキもある。

でも、なんでそこで、田中さんはいかがわしい企業、うさんくさい企業ばっかりクライアントに選んじゃうんですか。ギャラが特別いいんですか。事実、田中さんは開業して一年もたたないうちに、大阪の弁護士の所得ランキングの上位に名を連ねるようになった。

依頼人に直接会える仕事だけを——田中

有名な大企業の顧問弁護士なら、世の中、立派な弁護士で通りますよ。でも、僕はほとんど断ったんです。大企業の顧問弁護士やと、何のために弁護士になったのかわからんと思ったからです。

顧問弁護士の大企業の窓口は、たいてい法務部です。法務部の社員が弁護士事務所にやってきて打ち合わせ、彼らが持ってきた資料にもとづいて、指示された書類を作成する。顧問弁護士がつくった書類は、法務部の社員が社に持ち帰り、手直しするんです。僕は、自分の知らないところで、他人に自分のつくったものを勝手に書き直されるのは、許せん性分でしてね。

大企業相手だと、直接、社長と会えない。せいぜい総務部長です。依頼人とさしで話ができない相手の仕事は受ける気はしなかった。

だから、僕が顧問になった世間に名の知れた企業は、スーパーのニチイやイズミヤ、洋服の青山などほんの一握り。全部、ワンマンのオーナー社長の会社ばっかりでした。

僕のこの基準で依頼先を選定していくと、世の中では、いかがわしいと思われている会社が結果的に多くなったんですよ。オーナー会社の社長と言えば聞こえはいいけれど、創業者は、言い換えれば成り上がり、成金ですからね。ただ、僕はちっともうさんくさいとは思っていなかったけれど。

実際、つき合ってみると、大企業のサラリーマン社長なんかより、よっぽど魅力がある人物が多かったんです。

薄利多売で月収一〇〇〇万円——田中

弁護士になって、たしかに収入は段違いに増えましたが、カネにこだわっていたわけじゃありません。結果として実入りが良くなっただけで。

報酬目当てなら、民事をもっとやりましたよ。収入面だけ考えれば、カネを巡って争う民事のほうがはるかに儲かる。でも、刑事事件は、せいぜい数百万円から一〇〇〇万円程度の報酬。時には、こちらが持ち出しになる事件もある。対して民事は、億の単位の報酬が得られる事件もある。

それでも僕は刑事にこだわった。民事はあまり得意じゃなかったこともあるけど、依頼人の人生がかかる刑事事件のほうにやりがいを感じたからです。特捜時代の経験もあるし、どうせやるなら、日本一の弁護士になりたかった。また、刑事ならそうなれるという自負もあったんです。

にもかかわらず、弁護士としてはトップクラスの収入を得られたのは、顧問先がいっぱい集まったからです。顧問弁護士料も、決して高くはないですよ。一社につき、月に一〇万円程度。弁護士開業一年で、顧問先の企業が一〇〇社以上になっていたから、月一〇〇〇万円も入ってきていたんです。

言ってみれば、薄利多売ですよ。刑事事件は、報酬が安いかわりに、五年も一〇年もかかる民事と違って、勝負は早い。刑事は、短ければ二〇日で終わる。だから安い。

だけど、僕の弁護で助かった人からすれば、銭金《ぜにかね》に替えられないものもある。弁護料の他に車代などの名目で、お礼をしてこようとする人もいます。

そういう場合でも、僕は無条件では受け取らなかった。それ相応の働きを僕がしたと判断すれば、人間関係の潤滑油だと考えて、抵抗なくいただきましたが、もらったら弱みになる、借りになると判断したら、受け取りを断った。

また、ほとんどやらなかった民事にしても、刑事にしても、僕は僕なりの基準を設けていました。

民事は受けるにしても、訴訟は受けない。やるなら、話し合いで解決するものだけにした。訴訟を頼んでくる人にも、できるだけ話し合いで済ますようアドバイスしていました。

大きな民事事件は別ですけど、個人と個人がカネを巡って訴訟を繰り広げると、人間、銭金の問題じゃなくなる。金銭よりも、感情的なものが優先するようになる。相手に対する恨《うら》み辛《つら》みです。とくに女性の場合、これが高じてノイローゼや鬱病になりやすい。そういう例を、検事のときに嫌というほど見てきた。

だから、「カネはいくらでも出す。銭金抜きで訴訟をやるので、お願いします」という人の依頼は絶対受けなかった。民事は時間もかかるし、本人の精神的負担も大きい。本人にとって、いい結果にはつながらない。だから、僕はできるだけ、話し合いで済ますように指導していたんです。

刑事にしても、無条件で引き受けるわけじゃない。僕の言う通りにしてくれるという約束を守ってくれる依頼者だけです。これだけ守ってくれれば、ヤクザのようなアウトローの人間でも、あるいは世間で評判の悪い男でも拒まないというのが、僕の方針でした。そして、弱みになるなあ、借りになるなあと判断したら、お礼の受け取りも断った。

でも、世間は僕が評判だったから、楽して儲けていると思っていたんでしょうね。しかし実際は、薄利多売でトップクラスの収入を得ていたのだから、メチャクチャ忙しい。検事のときも休む間がありませんでしたが、弁護士になってからは、さらに忙しさに拍車がかかりました。

朝八時に出勤し、事務員が来る前に、その日の段取りをつける。営業時間になったら、ひっきりなしに電話がかかる。来客も絶え間ないし、合間を縫って、こちらから顧問先にも打ち合わせに行く。夜は夜で、打ち合わせと称して顧問先が接待してくれる。顔を出さんわけにはいかないから、つき合いました。

ただ僕は、遅くとも日付が変わらないうちに事務所に舞い戻った。当時はまだ、携帯電話が普及していなかったので、事務所の留守電を聞くためです。

事務員からの伝言メモも溜まっている。それらをチェックして、至急連絡が必要なところには電話をかけて、それからやっと帰るという日々の繰り返し。宮仕えのときのほうが楽だったなあと思ったほど、馬車馬《ばしゃうま》のように働いた。

検事と弁護士で自己矛盾はなかったか——田原

でも、やっぱりわからないなあ。

末野謙一

田中さんは、鬼検事として世の中の悪を次々とあげていたわけでしょう。それが、田中さんの本のタイトルにもあるように、「反転」して、今度は、裏社会、闇社会の主人公たちの擁護、弁護に回る。田中さんが弁護士として関わった事件の登場人物は、世間では悪とされている人間ばかりですよ。

イトマン事件の伊藤寿永光然《しか》り、闇社会の怪物

加藤暠

と呼ばれる許永中然り、末野《すえの》興産事件の末野謙一《けんいち》然り。さらに田中さんが顧問弁護士になった仕手筋の騒動師、加藤暠や小谷光浩。みんな、一般の社会の価値観からいうと悪党ですよ。

だから、検察からも狙われる。実際、田中さんも検事のときには、この類《たぐい》のワルは検挙していた。そんな奴らの弁護に、検事を辞めたからといって一転して回るというのが、どうも理解できない。つまり、やっつける側から救う側に、いきなり変われることが。

中企連の税務担当の大西省二の事件にしても、明らかに脱税に手を貸しているわけですよ。そんな人間を、田中さんは無罪同然にしてやる。大西に利益供与された税務署の職員のなかには懲戒免職になった人間もいるのに、大西は無傷で生き残った。大西のような悪い奴が罪にならなくていいんですか。

しかも、田中さんは、大阪では弁護士の所得番付のトップクラスに名を連ねるほど儲ける。自家用ヘリコプターまで買えるほど実入りが良かった。

そのため、田中さんは一時、悪徳弁護士だと非難されていましたね。それは誤解だとは思うけれど、誰だって、田中さんは何か悪いことをしているんじゃないか、検事として身に付けたテクニックを悪用しているんじゃないか、と勘ぐりますよ。

「検事田中森一」と「弁護士田中森一」の間に矛盾はないんですか。

持ち場持ち場で一生懸命やった結果――田中

僕は微塵も矛盾は感じていませんよ。検事のときも、弁護士になってからも、僕はちっとも変わっていない。僕は持ち場持ち場で、一生懸命やってきただけです。

大西事件を例に取ると、僕がもし検事だったら、大西が全部喋って贈収賄の焦点がぼやけても、どこかを拾い上げて、無理にでも贈収賄でパクっていたでしょうね。でも、僕は弁護をする側だから、弁護士としてのテクニックを駆使して、大西を助けた。

法律というルールから逸脱すれば、そりゃあ、問題がありますよ。事実をねじ曲げて、クロをシロと言わせたのなら、非難されても仕方がない。

しかし、僕が大西に指示したのは、むしろ、「事実を明らかにせよ、全部喋れ」ですからね。弁護の戦略としてやったわけだけれど、事実は一切曲げていない。

大西が軽い罪で済んで、税務署の職員がクビを切られたり、処分を受けたのも、僕のなかではすっきりしている。金品をもらって脱税を見逃していた役人が制裁を受けるのは、当たり前のことですよ。

国民の立場から見たら、大西からカネをもらった奴が何の処分も受けないのは、それこそおかしい。むしろ、あの事件で役人が無罪になったら、僕は、「自分は何をやっているんだ」という気になる。不正を働くような輩《やから》は、税務署を辞めて、別の道を歩んでもらうしかありません。そうでしょう。

あの事件の本質は、同和行政に問題があること。同和行政の歪《ひず》みをどうするのか、という点でしょう。本当は、そこまでいかないといけなかった。

真相究明では鬼に、処分では仏に——田中

小学校三年のときだったかな。その頃に教えてもらった中国の史話が、今も印象に残っている。孟子《もうし》だったか、孔子《こうし》だったかは忘れましたが、こういう話です。

一生懸命仕事をして子供を育てている働き者の父親がいた。しかし、いくら働いても、貧しく、子供たちに充分に食べさせられない。自分は我慢して、少ない食べ物を子供たちに食べさせていた。あるとき、空腹極まって、父親はつい、子供たちの目の前で、隣の家の柿を盗んで子供に食べさせる。

誰かが通報して、お巡りさんがやってきて、「お前のお父さんがやったんだろう」と子供たちを追及した。しかし、子供たちは「お父さんじゃない」と言い張った。

誰が正直者か。中国の学校の先生は、「お父さんを庇うために嘘をついた子供たちが正直者だ」と教えるというのです。

この話が僕の頭のなかにずっとこびりついていて、検事のときから、「真相究明のときは鬼になれ、されど、処分をするときには仏《ほとけ》になれ」を信条にしてきた。

調書を取るときは、事実を明らかにするために、たとえ鬼になっても、徹底的に追及する。でも、処分を下すときは、求刑の軽重は別にして、思いやりの心を持って考える。僕なりの、公平に人を判断するために考え出した方針ですが、弁護士になっても、これはずっと守ってきた。

事実は厳然としてある。ゆえに、それを曲げることはできない。だから、依頼者にも嘘をつけとか、なかったことにしろとは、口が裂けても言わない。

ただ、事実はあるとしても、真実はひとつではありません。道筋はいくつもあります。たとえば、検事は、「こいつは他にもこんなに悪いことをしている、あんなこともした、こんなこともしていた」とやって、有罪を勝ち取ろうとする。国の不利益になる行為は許さないという立場からそうやるんです。

しかし、検事の言っていることが、被疑者の真実とは限らない。被疑者にもいいところはあるんです。だから、個人を守るために、そこに光を当てる、それこそが弁護士の仕事です。

真実には裏も表もある。表からだけ光を当てても何も見えないし、裏からだけ見てもわからない。様々な角度から照らして、やっと、真実がほのかに見えてくるぐらいですよ。だからこそ、検事と弁護士がいる。これではじめて、真実が醸し出されるんです。

だから、検事から弁護士になっても、光を当てる側が変わるだけなんです。事実を曲げようとすれば、確かに自己矛盾に陥るんでしょうけど、そうじゃないから、恥ずかしいとか、矛盾しているとか、一切感じないんですよ。

クロをシロと言いくるめるのが弁護士だと思っている人がいるけれど、そういう弁護士は、いたとしてもほんの一握りです。少なくとも、世間が思っているほどは多くはない。みんな、依頼人の無罪を信じて弁護しているんです。

もっと言えば、情報を隠して事実をねじ曲げたら、これはもう、弁護士としては許されない。たとえ誰も非難しなくとも、人間みな、良心がありますからね。忸怩《じくじ》たるものが、心のなかに積み重なっていく。こうなったら、弁護士として、まともな仕事はできませんよ。

僕は、田原さんの言われた通り、一時、日本一悪い弁護士のように言われたけれど、何も動じなかった。誰が何と言おうと、僕には自分のやっていることは間違っていないという信念がありましたからね。

検事とヤメ検弁護士が馴れ合っていいのか――田原

ところで、ちょっと話を戻しますが、「関西検察」という言葉があるほど、西日本の検察は、大阪の検察をトップとしてまとまっていて、一家であるという意識が強い。検察OBになっても現役とつき合い、いつまでも仲間意識が消えない。言い換えれば、人脈的に深く結びついている。

ヤメ検にとっては、これは相当いい環境ですね。検事を辞めて弁護士事務所を開いたときに、いちばん頼りになるのは先輩だ。既に、企業の顧問弁護士として、いくつもクライアントを持っているヤメ検OBから顧問先を分けてもらったり、あるいは紹介してもらえる。

しかも、大阪では、現役検事にもOBの顔が利く。弁護士としても、古巣の検察と深い関係を保てれば、仕事が何かとしやすい。事実、大阪ではヤメ検弁護士の勢力が強い。

でも一方で、問題もあるわけです。癒着とまではいかなくても、検事と弁護士がなあなあの関係でいいのか。現役検事だって、やがて辞めて弁護士を開業する日がやってくる。そのときに、先輩達にはお世話にならなければならないことはわかっているのだから、職務上でも、先輩のヤメ検弁護士の頼みはむげに断れない。それによって、馴れ合いの司法になっていく。問題はないんですか。

ヤメ検と後輩検事の微妙な関係——田中

癒着だと批判する人もいるけれど、僕ら当人には、そんな意識はまったくないからなあ。さっきの話と同じで、自分の後輩だから事実を曲げさせようというんだったら、まずいですよ。しかし、被疑者にはちゃんと喋らせたうえで、お互いが落としどころを探すのなら、さほど問題はない。僕は、それでいいと思ってやってきましたね。

また、先輩の威光を笠に着て、事件潰しを謀《はか》ろうなどと考えるヤメ検弁護士もいないはずです。僕も検事をやっていたわけで、検事の気持ちは誰よりもわかっている。もし、そんなことをやろうものなら、逆に仲間からつまはじきに遭いますよ。

しかも、お互い日頃から親密につき合っている。弟分のような現役検事が懸命に真相を追及しているのに、依頼人に「完全黙秘しろ」などと誰が指示できますか。かわいい後輩をなんで潰しますの。

弁護士の立場から言うと、検事との関係が依頼人に不利にさえ働かなければ支障はないと思いますよ。

第九章　「ヤクザの守護神」の真実

ヤクザを地検が挙げることがあるか——田原

田中さんは、検事の時代にもヤクザと関係があったんですか。京都地検と京都の広域指定暴力団、会津小鉄会《あいづこてつかい》の高山登久太郎《たかやまとくたろう》会長との一件は、知る人ぞ知る、というものですね。

会津小鉄会は、江戸の俠客《きようかく》の流れを汲《く》む、あの世界では由緒のある老舗《しにせ》で、その四代目が高山です。

京都地検が高山を狙った。そのとき、京都地検の刑事部長から、弁護士になったばかりの田中さんが、協力を依頼される。

京都地検が目をつけたのは、高山の不動産詐欺疑惑。大山という男から、高山に土地がらみで騙《だま》されたというタレこみがあり、詐欺で高山を引っ張ろうとする。そこで、「田中さんが大山側に立って、高山を告訴して事件にしてくれ」というのが京都地検の刑事部長の頼みだった。

ところが、田中さんが大山に話を聞いてみると、どうも説得力がない。そこで、かねて知り合いだったその筋の人間に依頼して、高山側から資料を取り寄せたら、大山が嘘をついている可能性が高いと判断できた。

田中さんは、真相を確かめるために高山に面会を申し込み、直接話を聞きますね。結果、高山はシロという感触を得て、大山の告訴を引っ込めさせる。高山とはそれをきっかけに親しくなった。

このとき、田中さんは弁護士として関わっていますが、京都地検がヤクザを狙ったわけですね。

路上でヤクザにカネをつかませた四課の刑事――田中

京都地検の高山の事件は特別です。

京都地検が高山を狙ったのは、当時、地検に銃弾が撃ち込まれるという事件が起こって、その犯人が会津小鉄会の人間じゃないかと睨《にら》んだ。検察の面子《メンツ》にかけても、高山を挙げたいという事情があったからです。

普通、検察は、まったくヤクザの世界に興味がない。

ヤクザが何をしようが、どんな事件を起こそうが、検事にとっては、ほとんど関心事にすらならないんですよ。と言うのも、ヤクザ関係の事件は、原則的に警察の担当ですから。検事は情報もつかめない。

実際、組織の内部の情報は、内部にいる人間じゃないとわからない。外にはほとんど漏れてこないので、検察は手の出しようもない。

一方、地域の治安を預かる警察は検事とは違う立場なので、暴力団担当の大阪府警の四課の連中も、ヤクザとうまく関係をつくっていますよ。東京の警視庁とは、また違うやり方で。弁護士になって、四課の連中と一緒に歩いていて、驚いたことがあった。向こうから来た、いかにもヤクザと思われる風体の男が、刑事に「おう」と言って手をあげて、刑事の手を握りにくる。

刑事も手を差し出すんですね。見ていると、刑事の手には、二、三枚の万札。恒常的にカネを握らしているんですよ。ヤクザは小遣いをもらえることがわかっているので、刑事の顔を見ると、近寄ってきて手を差し出す。

ヤクザと警察の癒着といえばそれまでだけど、警察にとっては、暴力事件にはヤクザの協力が欠かせませんからね。普段から飼い馴らしておけば、正確な情報が取れる。捜査も効率的に進む。言ってみれば、「必要悪」なんですよ。

検察からは計り知れない関係が、ヤクザと警察の間にはありますね。

拳銃摘発ニュースの真相——田原

高山登久太郎には、僕も会ったことがある。ちょうど、暴力団新法ができる少し前にね。当時、高山はマスコミを巻き込んで、暴対法の施行に対し、大反対キャンペーンをやっていたので。

取材を始めると、自分たちが警察に対していかにつくしてやったかを滔々《とうとう》と力説されました。「警察が捜査しても、ろくなことはできない。俺達が犯人を探してやっているんだ」と。

いちばんおかしかったのは、警察の拳銃の手入れですね。

警察が拳銃の手入れをしたいと会津小鉄会に頼んでくる。あらかじめ、四挺《ちょう》とか五挺とか、何ヵ所かに拳銃を隠しておいてくれないかと、高山にお願いする。すると、会津小鉄会の人間が、自分たちの所持していた拳銃を置いておく。

それを、警察が独自の捜査で捜し当てたことにしてマスコミに発表し、ボーンとニュースになる。

高山登久太郎

あの、拳銃が何挺見つかったというニュースは、実はインチキなんですね。警察とヤクザのもたれ合いでつくられたニュースに過ぎない。

確かに、拳銃を摘発するといっても、そうおいそれとは見つからないですものね。

でも、本来は取り締まるべき警察が、ヤクザと癒着して上辺《うわべ》を取り繕っていていいのかという問題もある。

山口組五代目とさしで——田中

それは最近までやっていたことですよ。とくに取り締まり月間にやっていた。取り締まり月間には、警察もある程度の成績をあげなければならない。でも、拳銃を持っているのはヤクザしかいない。

ヤクザだって、誰かに持たせて出頭させるとなると、その人間が逮捕されるのでダメだけれど、どこかに隠しておくのなら、自分たちが捕まることはない。

匿名でたれ込みがあった、警察が行ってみると、そこに拳銃があった。これなら大丈夫なわけです。こんなことを、しょっちゅうやっていた。

とまあ、警察とヤクザは密接な関係があるけれど、検事は直《じか》に接する機会はほとんどないので、僕も検事の頃は、ヤクザとは関わりがなかった。つき合うようになったのは、全部、弁護士になってからです。

最初に会ったのは、山口組の五代目（渡辺芳則）です。

僕の弟分みたいなヤメ検が、関東の稲川会の顧問弁護士をやっていた。稲川会の会長と山口組の五代目は、あの世界でいう兄弟。顧問弁護士から僕のことを聞いた稲川会の会長が、五代目に、「田中というのが検事を辞めて、大阪で弁護士をするそうだから、いっぺん会っておいたほうがいい」と伝えたようです。

それで、五代目の顧問弁護士から、「五代目がいっぺん、田中先生に会って、一緒に飯を食いたいと言っています」という連絡が入った。

山口組の五代目というと、日本一の親分でしょう。その親分とさしで飯が食えるのだから、僕も興味がある。五代目と神戸の料亭で飯を食った。

ところが、料亭全部、貸し切りですよ。しかも、料亭の周りも、黒服の連中で全部、固められていた。食事をするのはふたりなのに、中に入っても黒服ずくめ。トイレに行くまでにも黒服が何人も立っている。

五代目は天皇みたいなものなんですね。こんな人とつき合うのはたいへんだなあと思って、そのときは、「何か相談があれば、連絡ください」と、儀礼的な挨拶だけをして別れた。

後日、五代目が事件に巻き込まれて、解決に手を貸しましたが、五代目とのつき合いはさほど深かったわけではありません。

たったひとりで現れた若頭——田中

僕が親しくなったのは、山口組若頭の宅見勝宅見組組長でした。

宅見組長との出会いは五代目とは関係なく、前に述べたとおり、あの中企連の偽税理士、大西省二との一件がきっかけでした。

大西は昔、大阪の繁華街ミナミでクラブを経営していた。ミナミは宅見組のシマ内。しかも、大西は人なつっこいやつですからね。宅見組長も目をかけていた。自分の子供のようにかわいがっていたんです。

その大西が僕に世話になったからお礼の挨拶をしたいと、ある日、宅見組長が、自ら僕の事務所を訪ねてきたんですわ。直接、なんかやってやったわけじゃないのに、えらい義理堅い人やなあと思った。

宅見勝

宅見組長は、山口組の若頭として全国に鳴り響いている、何万人ものヤクザを仕切っている大親分。外には護衛の子分たちがいたんでしょうが、事務所には果物カゴを提げて、ひとりで入ってきた。意外でしたね。
しかも、見かけも経済人然としていて、裏社会の大物というイメージはまったくない。その後も、僕には、ヤクザの顔は見せませんでした。話をしてみても、実にきちんとしている。
それが縁で、僕の事務所を訪ねてくるようになった宅見組長は、いつもひとりでやって来る。そしてそのときは、いつも土産を持って来る。僕にではなくて、女性事務員にケーキを買ってくるんです。「できた人やなあ、立派な人やなあ」と、余計に惹《ひ》かれていきました。

宅見組長も、僕を大事にしてくれました。

「先生、ヤクザの事件は絶対、やってはいけませんよ。先生みたいな立派な人がヤクザの事件をやったら傷がつく。評判が悪くなる。ただし、五代目と私だけは面倒見てくれますか。そしたら、山口組の人間は一人たりとも、先生に近づけません。五代目と私以外で、どうしても先生のお力を借りなければいかんときは、私が連れてきます。それ以外は一切、ご迷惑かけません」

と約束してくれたんですよ。実際、ヤクザは僕の事務所には近づかなかった。

僕は世間から、ヤクザの面倒を次から次に見たようなイメージを持たれているけど、ヤクザの事件を受けたのは、五代目と宅見組長の事件、それに宅見組長が連れてきた尼崎の古川の親分と岡山の大石の親分など三人ぐらい。山口組の顧問もしていない。宅見組長が約束を守ってくれたからです。

入れ墨は肝臓に悪い――田原

田中さんは、宅見の事件の弁護もやったんですよね。外為法で捕まった宅見の。当時、宅見は糖尿病と肝臓病が持病だった。

多いんですよねえ、入れ墨をしているヤクザものには肝臓が悪い人間が。入れ墨をやると、皮膚呼吸が困難になって、肝臓をやられるんですよね。

ヤクザはシャブもやるし、そのうえ生活は不規則だし、ストレスも溜まる。ヤクザものは、肝臓疾患になるための要件を全部整えていることになる。ヤクザをやっていくのも、なかなかたいへんだ。

宅見の肝臓病もかなり悪化していたので、田中さんは大阪地裁に勾留執行停止を申し立て、宅見を入院させますね。

でも、これは本来の入院療養にはならなかった。と言うのも、マスコミが大勢集まって、宅見の病室のあたりを夜通しサーチライトで照らしたからです。しかも、田中さんがやめるように制止しても、やめない。これでは入院したことにならない。しつこいですからね、マスコミは。

このときですよね。田中さんが宅見をフランスにやろうとしたのは。

安倍元外相が面倒を見た組長の治療先——田中

このときは、宅見組長の病気治療は、国内では無理やないかと思い始めたんですよ。二四時間マスコミに監視されていて、ゆっくり寝ることもできんのですから。

ちょうどそんなとき、宅見組長の面倒を見ていた、奥さんというか、彼女は、あの西城秀樹《さいじょうひでき》の姉さんなんですが、彼女と世間話をしていたら、僕にこういった。

「先生ねえ。お父さんに頼まれても絶対、言うことききいちゃいかんよ。先生、人がいいから、すぐに言うこときくけれど。なんでもかんでも言うこときいたら、先生に迷惑かかるんだから」

いきなりそう言われてもわけがわからんので「何よ」と問い返すと、「去年、確かお父さんが、『五代目は海外旅行したことないから、五代目と一緒にフランスに行こう思っているんや』という話をしとった。もしかしたら、先生に頼むかもしれんけど、言うこときいたらいかんよ」と言う。

安倍晋太郎

「わかった、わかった」と、その場は聞き流したけれど、僕もいい格好しいだから、それなら宅見組長の望みを叶《かな》えてやろうと考えた。

然《しか》るべき理由があって、それを裁判所で認めれば、海外での療養も可能だ。実現できないことじゃない。実際、宅見組長の治療環境は、ブンヤのせいでひどい。宅見組長のフランス治療を裁判所に許可させ、五代目が宅見組長の搭乗する便にプ

加藤六月

ライベートで乗れば、一緒にフランス旅行するという宅見組長の夢が実現できるなあ、と。

ただ、問題は受け入れてくれるフランスの医療機関をどうやって探すかでした。そこで、安倍晋太郎に相談した。当時、僕は安倍の派閥組織である清和会の顧問をやっていた。安倍は外務大臣経験者。安倍なら力になってくれるだろうと思ったんです。

そしたら、安倍が、「私が外務大臣をやっていたときの部下が、今、ちょうどフランス大使をやっているので協力させよう。後は秘書にちゃんとやらせるから」と言ってくれて、フランスのいい病院を確保できた。

リクルート事件が片づいた後で、僕は清和会の弁護士として尽力し、安倍と腹心の加藤六月は罰金で終わった。

また、安倍とは「五えんや」の中岡信栄との関係でたびたび顔を合わせていて、懇意にしていましたからね。そんなこともあって、安倍は親身になって面倒を見てくれたのでしょう。

条件が整ったので、「本人は余命幾ばくもない。ところが、日本にはいい医者はいるが、いい治療環境はない。世界的に権威のある医者のもと、海外で治療するのが最も適切だ。弁護人として調べると、こういういい病院がフランスにある。そこで療養させたい」といった理由を正式文書としてしたためて、検察庁に出向いた。

こうして検察が必要書類をチェックして、よしとなれば、検察から裁判所に提出、許可をもらうという仕組みなんです。

まだ、検察を辞めたばかりの頃。相手は昨日まで机を並べていた仲間。「俺が責任持つから、これ通してよ」「心配ないか。逃げたりしないか」「逃げたりするかいな」といった調子の会話をしただけで、検察は、さして異論をはさまず受け付けてくれました。そして、僕が提出した必要書類に、検察が自分たちの意見書を付けて裁判所に出すと、あっさり認められた。

この間、宅見組長には一切内緒。黙って進めてきた。実現したら、喋って喜ばせようと思って。ところが、喜び勇んで宅見組長に報告すると、「いや、実はあれ、カナダだったんですよ。オヤジと行くことになっていたのは」「それ、はよ、言うてえな。奥さんがフランス言うから、苦労して許可取ったのに」。

まるで笑い話みたいですけどね。

警察が組長のフランス行きをごり押し——田中

行き先はちょっと違ったけれど、海外旅行には違いない。

二人の乗るフライトを手配して、フランスに行かそうとすると、世間が騒ぎ出し、五代目が、「自分は迷惑がかかるから、遠慮しておく」と言い出した。宅見組長まで、「ワシもやめとこか」と乗り気じゃなくなった。

その頃、フランスのほうでも、「日本のマフィアがやって来る」とマスコミが報じているという記事が日本の新聞に載ったので、なおさら行く気が失せたんでしょう。

そうなるとおかしなもので、今度は、警察が宅見組長の入院先まで来て、「せっかくだから行ってくださいよ」と頼むようになった。行け、行けですよ。

僕にしても、安倍晋太郎に協力を仰いでまでして実現させたことだから、ぜひ行ってもらいたい。

結局、宅見組長は、「行かないと先生に迷惑かける。仕方ないから行ってくるよ」と、僕の顔を立てるために、フランス行きの飛行機に乗った。

案の定、向こうに着くと、公安のお偉いさんが出てきて、機内で足止めを食ったそうです。

「申し訳ないけれど、今回だけは入国させるわけにはいかない。どうぞ、機内で自由におタバコも吸ってもらってけっこうですから、くつろいでください。しかし、外に出ていただくわけにはいかない。この飛行機でお帰り願います。来年は、あなたが希望すれば、必ず入国を許可しますから」

と、丁重な態度ながら、入国を拒否された。それでやむなく、行った便でトンボ返りした。

これが前代未聞の宅見組長の「フランス日帰り旅行」の顚末《てんまつ》です。
冗談で、宅見組長によく言いましたよ。
「フランス日帰りしたのはあんたぐらいのもんやから。あんた、たいしたもんや」と。

親分の粋なプレゼント——田中

今でも僕は、宅見組長はたいした男やと思っています。ヤクザを礼賛して、と非難を受けるかもしれんけど。

実は、僕の本を読んだ人が訪ねてきたことがある。まったく面識のない人です。彼は生前の宅見組長と何度か会ったことがあり、「あの人は凄かった。尊敬している。先生の本に宅見組長の話が出ていたので、一度会って、宅見組長との思い出をお話ししたかった」と言う。

聞いてみると、次のような話でした。

彼の勤めている大阪の某企業が、大阪地検の特捜から詐欺事件で狙われた。特捜のターゲットは社長で、社長秘書の立場にあった彼が引っ張られた。しかし、彼は頑《がん》として口を開かず、社長を守りきり、釈放になって会社に戻ったが、会社では冷遇され、窓際に置かれた。

ある日、受付から、「宅見さんという方が面会したいとおっしゃっている」との連絡があった。まったく聞き覚えのない名前なので、「誰だろう」とクビをひねりながら受付に降りていくと、ひとりの男が待っていて、名刺を差し出す。

見ればヤクザの名刺。何事かと身を硬くした彼に、宅見組長は、来訪の趣旨をこう告げたそうです。

「実は、私はあんたを新聞でしか知らない。あんたは社長を庇って一言も喋らなかった。その記事を読んで、あんたを男の中の男だと思うたので、うちの若い衆にこういう男になれと毎朝、説教している。しかし、あんたを知らずに言うのも説得力がないので、挨拶に伺ったんや」

その日は少し会話をしただけだったが、その年の暮れ、再び宅見組長がやって来た。そして、「あんたもたいへんやろうから、これでお母ちゃんと飯でも食べや」と、彼の背広の内ポケットに封筒をねじ込んだ。

彼が、「私、こんなもんもらう筋合いありません」と返そうとすると、「俺もこんな立場やから、一度渡したもんを受け取れるかいな。いらんかったら捨てときや。でもまあ、そう言わんと、奥さんもたいへんやろうから、正月の餅代にでもしいや」と受け取らない。仕方なく、もらって封筒のなかを後で見ると、五〇万円入っていたそうです。

そして、この元社長秘書と宅見組長が最後に会ったのは、宅見組長が白昼、衆人環視のなかで銃弾を受けて非業《ひごう》の死を遂げた年の初めだった。このとき会社を訪ねてきた宅見組長を見ると、なぜか高級なコートを引きずりながら歩いている。

そこで、「親分、いいコートだけど、ちょっと裾が長いじゃないですか。なんだったら、私が知り合いの仕立屋に持って行って、直させておきますよ」と彼が言うと、宅見組長は、「そんなに長いか。そんならあんた着てみい」とコートを脱いだ。そして、彼が着てみると、まるであつらえたように、ピッタリ。

その姿を見た宅見組長は、「あんたよう似合うなあ。そのまま着とき」と言い残して、さっと帰っていったそうです。その宅見組長の後ろ姿を見送ったのが、宅見組長との別れになったと、彼はしみじみと振り返っていました。

宅見組長は、身長が低くて一六二センチぐらい、彼は一八〇センチ近い長身でした。ここまでの心配りができる人がいますか。しかも、宅見組長は、上を庇って立派だと感じたというだけで、見ず知らずの男にこれだけのことをしてやったんです。

彼もいたく心を打たれて、「宅見組長とは、たった三度だけのつかの間のおつき合いでしたが、あのときのコートは、我が家の家宝にして大事に保管しています。宅見組長が撃たれて亡くなったとき、私も遠くからでしたが、棺《ひつぎ》を見送らせてもらいました」と、しんみり語っていました。

この話を聞いて、僕は宅見組長に対する見立ては間違っていなかったと確信しました。世間では、ヤクザは社会のゴミだ、クズだと忌《い》み嫌う。確かにそう言われても仕方のない面もある。しかし一方で、宅見組長のように、一般の人にはマネのできない強い義侠心を持ち、人情の機微がわかる男たちも多いんです。

秀でた能力をなぜ表の社会で使わないのか――田原

たしかに、大勢の人間を束ねる親分には、実に魅力的な人が多いですね。高山登久太郎も人を惹きつけて離さないものを持っていました。

宅見組長とは直接会ったことがないけれど、彼もまた多くの人から慕われていたんでしょう。宅見組長は経済通で、言ってみれば経済ヤクザの走りだった。あの世界きっての経済通で、才覚も度量も人脈もある。だから、傘下の企業舎弟や右翼、総会屋などだけでなく、一般企業からも頼られた。彼の周りにいた人間はみな、解決してもらいたいことがあると、宅見組長に持ち込んでいた。

こうして宅見組長は、その能力ゆえに、闇社会の利権の多くに深く関わるようになった。しかし、多方面にわたってクビを突っ込んでいると、恨みを買う機会も多くなる。そして、宅見は白昼、神戸で撃たれて生涯を閉じた。

宅見が他の人にはない魅力を持っていたのは、彼の立場を見てもわかりますよ。大勢のならず者を束ねていたわけですから、統率力だけでなく、人間として惹きつけるものがあったのも理解できる。高山にしても、宅見にしても、名の通ったヤクザは、恐らく、何かしら秀でた能力があるのでしょう。

でも、それがかえってわからなくするんだなあ。それほど魅力的で、能力があれば、何もヤクザになんかなることはない。才覚を生かして、表の世界で成功することだってできたはずです。なのに、どうして裏社会の帝王なんかになろうとするのか。そこが、一般の人間には理解できない。

人間らしく扱ってくれるのはヤクザ組織だけ――田中

それには、大きく二つの理由があると、僕は分析しています。

ひとつは、人より強い義俠心。宅見組長がまさにその例ですが、あの世界には、人のため、世のために何かしたいという気持ちが人一倍強い人間が大勢いる。とくに親分にまでなった人には多い。彼らの義俠心を満たせる道は、あの世界しかないという理由です。サラリーマンになったら、何か人のためと言っても、精神的に応援するだけ。体を張ってまではできない。

あるいはおカネ。困っている人にカネを援助してやろうと考えても、勤め人の薄給では限度がある。ヤクザならカネ回りもいいし、税金の対象にならないカネもいっぱいある。宅見組長のように、周りにはわからんようにしてカネを渡し、見返りなしに助けてあげることもできるわけです。

もうひとつの理由は、やむなくヤクザになるしかなかったという事情がある。ヤクザの世界、とくに関西では、在日韓国・朝鮮人、同和地区の出身者が多い。宅見組長は違うけれど、高山会長は在日韓国人です。

この人たちは、いまだに差別されていて、家も貧しい。とりわけ同和地区の出身者のなかには、学校に行けない、就職もできない人間が多く、差別が歴然とある。社会も受け入れてはくれない。たとえまともな会社に入れたとしても、みんなから距離を置かれ、誰も話し相手になってくれないという場合もある。

差別によって、普通の人の想像を絶するような環境で育っている人間も大勢いる。たとえば、小さい頃からオヤジの背中におぶさって博打場で育ち、物心ついてからも博打場で飯を食っていたといった過去を持つ人間が少なくないんです。

彼らは、事の善悪がわかってからヤクザになるアホです。でも、そうならざるを得ない環境に育っているわけです。彼らを最も人間らしく扱ってくれる世界がヤクザの世界で、だから彼らはかろうじて生きられる。そんなわけで、同和地区に行くと、ヤクザは一目置かれますよ。

ヤクザと修学旅行の関係——田中

現代社会に潜む歪みがヤクザを次々と生み出しているというわけですが、見方を換えれば、ヤクザの組織は、世の中が受け入れない人間を一手に引き受けている、とも言える。

小さい頃から悲惨な環境にあった彼らには、遵法《じゅんぽう》精神を期待しても無駄です。だから、放っておくと、犯罪に手を染めかねない。しかし、ヤクザの世界にいるがゆえに、彼らはとんでもない悪さをせずに済んでいることもある。警察は怖くないけれど、親分は怖いですからね。親分に刃向かうと、殺されたり、指を詰めなければならなくなるけれど、警察なら留置場に入れられるだけです。しかも、うまくいけばカツ丼まで食える。

会津小鉄会の四代目、高山登久太郎が一緒に飯を食っているときに、「先生、京都にはぎょうさん日本全国から修学旅行で生徒が集まってきますやろ。これは私のおかげやと思っとるんですわ」と言った。

「なんでや」と問うと、「京都のならず者を野放しにしてたら、どうなると思います。寺を回っている小学生や中学生は、すぐに引ったくりに遭いますわ。なんぼ京都に歴史がある言うても、もう二度と来たいと思いませんわな。ワシらが京都のならず者たちを管理しているから、京都は修学旅行のメッカなんですわ。これがワシの誇りです」。なるほど一理あるなと思いましたよ。

百貨店が上場できない理由——田原

暴力団、あるいはヤクザと言ってもいいし、俠客と呼んでもいいんですが、山口組をはじめ

堤清二

とした、ああいう組織は、ずっと昔から連綿と続いている。いくら暴力団新法が施行されてもなくならない。

それは、社会にとって、彼らが存在する意味があるからなんですね。表には出てこないけれど、それなりの役割を果たしている。

西武百貨店の経営者だった堤清二《つつみせいじ》にインタビューしたとき、「どうして西武百貨店は上場しないんですか」という質問をぶつけてみた。すると堤が言うんです。

「田原さん、できるわけないですよ。なぜなら、百貨店を建てるにあたって、地上げの事実があるから」

デパートは表はきれいだけど、その裏には世間には決して公表できないドロドロした仕事がある。田中さんが今おっしゃった治安の面でもそうだけど、陰で汚れ役を引き受けて表の社会を支えているのがヤクザなんですね。

彼らは、表の社会の矛盾を押しつけられていると言ってもいいかもしれない。だから、警察がいくら潰そうと思っても、ヤクザの組織はなくならない。ここが問題だ。

地上げ屋の社会貢献とは——田中

ヤクザを肯定するわけじゃないけれど、彼らは社会の必要悪でもあるんです。バブル当時、東京や大阪は次々と再開発されて、きれいな街に生まれ変わった。ビルがどんどんと建ってね。

ビルを建設したのは、大成建設や大林組、鹿島建設といった一部上場の大手ゼネコンですけど、彼らはきれいになった土地を譲り受け、そこにビルを建てただけです。

こうしたまとまった土地ができる前には、必ず地上げがある。たとえば、赤坂の洒落《しゃれ》たビルが建つ前には、一戸建ての家があったりする。江戸時代や明治時代じゃあるまいし、今時、赤坂のような東京の一等地を独占するのは社会的に見ると許されない、と考える人も多いかもしれません。

でも、なかには、「俺の土地だから、どこに住もうと勝手だろう」と、立ち退かない人も出てくる。こうなると、裁判をやって立ち退かすという方法もあるけれど、それでは、何十年経っても解決がつかないケースが多い。そのうちに時代が変わって、計画していたビルは必要がなくなる。社会の変化は待ってくれないですからね。

そこで登場するのが、暴力団関係の地上げ屋です。闇の社会に生きる彼らは、法的に許されないことでも強引にやる。たとえば住人を殺す。そこまでしなくても、放火する。家が焼けてしまえば、そこには住めませんからね。

あるいは、脅したり、周囲に糞尿をばらまいて嫌がらせをし、地上げに抵抗していた住民を立ち退かせる。このように、バブル期にきれいになった街の裏には必ず、地上げ屋の暗躍があるんです。

放火するなんてひどいと思う人もいるでしょうが、彼らには彼らの理屈があるんです。当時、僕は弁護を頼まれて、いくつかその手の事件を担当した。すると、みんな同じことを言う。

「先生、俺らもいきなりそんな無茶なことをするわけじゃないんですよ。相手はカネを狙っているのか、どうしても立ち退こうとしない。弁護士に任せておいても何もできないから、俺らが犠牲になってやったんです。その代わり、カネをもらうのは当たり前でしょう」

ビルの地上げはほんの一例、ゴルフ場をつくるにしても、レジャーランドにしても、ショッピングセンターにしても、全部、こういう男たちが陰では介在しているんです。

暴力整理屋に経営者たちが駆け込むわけ――田中

それから整理屋。

倒産した企業の債務処理には、多くの場合、暴力団関係者が絡んでくる。なぜ、暴力団が介入するかと言えば、会社を潰した経営者が彼らに整理を頼むからです。

われわれ弁護士に頼むと、法的な手続きにもとづいてすべて財産を処分し、債権者に分配する。倒産させた経営者には一銭も残らないわけですよ。

ところが、ヤクザに頼むと、彼らは自分の取り分を引いた後に、幾ばくかのカネを経営者に与える。そのかわり、債権者を泣かす。

経営者にしてみれば、何も残してくれない弁護士に整理を頼むより、少しでもカネを残してくれるヤクザに依頼したほうがいい。

そういう噂はすぐに拡がるので、倒産した連中は、みんな暴力団の息がかかった整理屋に行きたがるという現象がある。

法的には、借りたものも返さずに、貸した人間を泣かせて倒産させた張本人が、カネを手元に残すのはおかしいけれど、彼らだって生きていく権利はある。人情としてもわからないでもない。つまり、法では割り切れない部分をヤクザがカバーしていると解釈することもできるんです。

暴力団新法で引ったくりが増えたのはなぜか――田中

最近、東京や大阪に建ったビルのなかで評価の高いところも、バブル期のきれいな区画のビルとは違って、歪《いびつ》な形をしています。

この現象は暴力団新法が施行されたことと密接な関係があるんです。暴力団新法によって、暴力団への圧力が高まって、地上げが以前ほどは自由にできなくなった。

そのため、簡単に立ち退かない人たちが増えた。だから、ビルの一部が欠けているんですよ。納得するだけの大金を積めば、もちろん立ち退くのでしょうが。これは、法律では解決できないんですね。

一等地が有効活用されない状況を許すほうがいいのか、それとも、地上げ屋を使って立ち退かせて、社会の利益を守ったほうがいいのか。一般の人は、ヤクザが悪いと決めつけますが、社会全体から見ると、どちらがいいのか、考えざるを得ないことも確かです。

暴力団新法は、今までヤクザの組織が果たしてきたある種の治安維持機能という面でも、ある意味、彼らを脅かしている。

新法ができて、一般人がなんでも警察に通報するようになった。それまではヤクザが怖かったが、新法によって警察が介入しやすくなったので、以前ほど、ヤクザに対して一般人の恐怖感がなくなったんです。

するとヤクザは今まで通りには自由に動けなくなった。警察がすぐ動くので、行動が制限される。昔に比べれば、しのぎがむずかしくなっている。

カネが入ってこなくなったわけで、食い詰めて組を離れる者も出てくる。組織を離れると、彼らは好き放題するので、街の治安がたちまち悪化した。

典型的なのは、大阪のミナミや東京の新宿です。引ったくりや恐喝などの犯罪が増えていた。そこで、東京都が新宿の浄化作戦に乗り出し、新宿の盛り場は以前よりは平穏になった。だけど、問題が解決したわけじゃない。食い詰めた者たちは、新宿から六本木などに移っただけです。

ヤクザの資金源を断って、あの世界のルールだけは守っていたチンピラを野に放つのがいいのか、それとも多少は目をつぶって、結果的に治安維持に協力させるのか、どちらが社会にメリットがあるか、これもむずかしい選択ですよ。

検事を辞める原因になったやさしさ――田原

田中さんの言っていることもわからないでもないけど、僕は結論ははっきりとしていると思う。日本は法治国家だ。法律というルールがあるから秩序が保たれている。都市が整備されるからといって、放火や殺人という犯罪を正当化していい道理はない。それを認めてしまえば、この社会が成り立たないですよ。

ヤクザにも確かに情状酌量の余地はある。しかし、どんな理由があっても、犯罪は肯定しちゃあいけないと思う。田中さんはしかも法の番人である検事だったんですよ。現在も法律の世界で生きている。その立場にいる人が、そういう発言するのはおかしいですよ。

率直に言って、僕は間違っていると思いますよ。現在の法律に疑問があるのなら、国会議員になって正すというのが筋でしょう。

田中さんはある意味、やさし過ぎるんですよね。ご自身が苦労して這《は》い上がり、大学を出て検事になり、今は弁護士をやっている。だから、社会の底辺でうごめくヤクザやアウトローに対しても、どこか共感がある。

その共感ややさしさがあるがゆえに、田中さんは、社会が抱える矛盾や歪みにまず目がいく。それが検察の論理とは相容れず、田中さんは検事を辞めなければならなくなった……田中さんの今の話を聞いていて、そんな気がしましたね。

第一〇章　割り屋のテクニック

被疑者を落とす秘訣とは何か――田原

被疑者を自白に追い込むプロを警察官や検事の隠語で「割り屋」と呼ぶ。被疑者が口を割るから割り屋。田中さんは検事時代、凄腕《すごうで》の割り屋として知れ渡っていた。田中さんが調べて落ちない容疑者はいなかったそうですね。

世間を騒がせた数々の疑獄事件も、最初は小さな事件でしかない。たとえば、政界を揺るがしたリクルート事件にしても、川崎市の小松秀煕助役にリクルートがリクルートコスモスの未公開株を譲渡したというちっぽけな事件が発端だった。

小さな事件に関与した小物を取り調べ、自供を得て、事件が発展していく。小物の自供により、さらに上の関与が出てきて、大物にいく。自供によって事件の深部が徐々に明らかになって、大きな事件になっていくんですね。

言い換えれば、被疑者に自供させられるか否《いな》かで、巨悪に迫れるかどうかが決まる。検事の割り屋としての腕が最も大きなポイントを占めるわけです。蟻《あり》の一穴から、どう事件の深部に迫るのかが、検事の腕の見せどころだ。そこで敏腕の割り屋だった田中さんにお聞きしたい。被疑者を落とす秘訣はあるのですか。

警察の場合、強面《こわもて》の刑事が取り調べして落ちなければ、今度はソフトな語り口の刑事に替わって取り調べ、容疑者の情に訴えるというように、タイプの違う人間を使って脅したり、なだめたりしながら落とすというようなテクニックを使う。

検察が本腰を入れて調べなければならない相手は、警察が扱う単純な犯罪の被疑者とは違って、海千山千の強《したた》かな人間ばかりでしょう。生半可《なまはんか》なテクニックでは落ちないのではありませんか。

相手に逃げ道をひとつ残してやると——田中

これはという、オールマイティなテクニックはないんですよ。人間、十人いれば十《と》色《いろ》じゃないですか。脅したり怒ったりすると喋る奴もいれば、なだめると自白する奴もいる。情をかけてやると、喋る奴も。その人の育ち、性格によっていろいろなタイプがある。だから、これをやれば必ず落ちるという魔法のようなテクニックはありません。

ただひとつ、僕がやってきたのは、一ヵ所だけ逃げ道を残しておく、裸にしないという方針でした。どんな悪人でも、自分をどこか正当化したい気持ちはある。人間としてのプライドが残っている。だから取り調べでは、自己を正当化する言葉を必死で訴えてきます。

そんな自己正当化は、法的に許されないし、世間では通用しない。でも、本人にはそれが心の救いになっている。たとえ極悪人でも、最後に残ったプライドまでむげに否定してしまうと、心を完全に閉じてしまう。金輪際《こんりんざい》、正直に告白してくれなくなります。

だから相手が嘘をついていることがわかっていても、僕はひとつだけ、これはこいつにとって譲れない部分だなと思ったら、あえて完全には追いつめないようにして、聞いてやった。逃げ道を求める相手の心までふさぐことはしませんでした。

日本刀をポンと投げると口を割った親分――田中

検事のテクニックも人によってそれぞれ。人によってやり方は違う。世の中には刑事事件があふれ返っている。検事は、それを一手に処理しなければなりません。絶対数が足りないので、悠長に研修などしてられない。一刻も早く戦力になるよう育てねばならんというのが実情で、新任のときから、とにかく事件を担当させる。これが検察庁の鍛え方です。一般の会社で言うＯＪＴ（職場内訓練）による人材育成なんですね。

検察庁では、新任の検事は、東京のような大きな地方検察庁での一年の見習い期間を経て、そこから地方の検察に配属される慣《なら》わしになっている。事件の現場では新米もベテランも関係ない。新人で、見習い同様であっても、一人前の仕事を与えられるし、こなせないと落伍するしかなくなる。僕も最初は右も左もわからなかったが、苦労しながらも仕事を覚えていった。

だから、検事には決まった捜査手法があるわけではなく、僕の手法も自分の経験から編みだしたものです。

若い頃に扱った事件で、今でも印象に残っているのは、佐賀地検時代に手がけた暴力団の抗争事件ですね。対立する組同士が日本刀を持ち出し、派手にやり合っていたという目撃者の証言があり、佐賀県警が乱闘していたとされる親分と組員たちを逮捕した。その取り調べを担当したのが僕でした。

ところが、親分は頑として口を割らない。日本刀など持っていなかったと言い張る。これには弱りました。そこで、考えあぐねて証拠品として押収していた日本刀を取調室に持ち込み、「あんたが使ったのは、これやないか。間違いないやろう」と鞘《さや》に収まった日本刀を親分にポンと投げた。すると、親分はとっさに受け取って、日本刀をじっと見た後、ポツリと言った。

「検事さん、悪かった。嘘をついとった。確かにこれはワシのもんや」と。

感激したんですね。僕が躊躇もせずに日本刀を渡したことに。ヤクザの親分だから当然、前科がある。凶器を渡したりすると、何をしでかすかしれない。取調室のスティール机は、わずか奥行き一メートルかそこら。そんな至近距離で向かいあって取り調べをしているのだから、普通なら取調官は用心して、凶器を見せても一歩下がり、「これか」としかやらない。しかし、僕は、相手に日本刀を渡した。

取り調べが一段落してなぜ容疑を認めたのか、親分に尋ねると、「あのとき、ワシが刀であんたを斬りつけたら、どうなっていたか。あの場で、暴れることもできたんやで。でも、検事さんはそれを承知のうえで、刀を投げてよこした。そこまで信用してくれたのに、嘘はつけませんわな」。

「僕は君がそんな人じゃないと思うから、日本刀を渡したんだ」とごまかしたけれど、まだ検事になって二年目のこと。経験のないときなので、僕は実は、そこまで考えていなかった。何の疑問も持たず、刀を投げたに過ぎない。言ってみれば怪我《けが》の功名《こうみょう》でしたが、何が喋るきっかけになるのか、いい勉強になりました。

苦労話で心を開いたロッキード事件の檜山広――田原

ロッキード事件のときにこんなエピソードがあります。

丸紅の檜山広《ひやまひろ》社長は、逮捕されても自らの潔白を主張し、安保憲治検事の取り調べにも、「戦争に負けた日本を貿易で立て直したのはおれたちだ」と検事への敵意をむき出しにし、頑固に抵抗していた。そこで態度を軟化させるために、安保検事は自分の身の上話を始める。

「秋田の山奥で、百姓のせがれとして生まれ、兄弟八人で生活が苦しかった。その土地から中学や専門学校に入る人はひとりもおらず、自分も小学校を出てから八年間、百姓や土方、きこりなどをやっていた」といった話を披露した。

そしたら檜山社長の態度が徐々に変わっていって、「検事さんの経歴をうかがって感銘を受けた。そんな苦労をした方とも知らず、恥ずかしい態度を取りました」と謝罪し、「わかりました。すべてをお話しします」と田中角栄の関与をポロッと吐いた。

檜山社長自身、たいへんな苦労人で、安保検事の身の上話に共感して自白したという美談仕立ての有名な逸話です。

この話は、安保検事がロッキード事件公判で、検察側の証人として出廷した際に取り調べの模様として証言したもので、檜山側は、「検事からは嘘つき、国賊、ばかやろうと罵倒された。もう抗議をしても無駄とあきらめて調書に署名した」と反論しているので、事実かどうかは怪しい限りですが、今でも語り草になっている。

檜山広

誰も落とせなかった男が喋った理由——田中

撚糸工連事件で私も同じような経験をしました。

一九八六年、大阪地検から東京地検特捜部に着任した早々、撚糸工連事件の政治家に迫る糸口となった日本撚糸工業組合連合会の小田清孝理事長の取り調べを担当することになった。

小田が逮捕されたのが、その四ヵ月ほど前で、贈収賄の疑いで東京地検特捜部の検事が必死になって追及していた。しかし、小田は三五歳の若さにして繊維業の業界団体のトップに昇り詰めた人物。一筋縄ではいかない。東京地検特捜部は何人かの検事を投入したものの、なかなか自白に追い込めない。

そこで、大阪地検で少し評判になっていた僕にお鉢が回ってきた。小田ははじめ、人を食ったような態度で、警戒心が非常に強い。これじゃあ、東京地検特捜部の敏腕検事でも苦労するはずだわ、と思いました。

どうせ事件のことは喋る気がなさそうなので、少しでも心を開かせようと、取り調べ時間は雑談に終始することにした。すると、取り調べ開始からたった二日目で、雑談にしか応じなかった小田が、なぜか突然、事件に触れ、業界に有利な質問をしてもらう見返りに民社党の横手文雄代議士に賄賂を渡したと認めたのです。

戦前の昭和八年に生まれた小田の家は貧乏で、小田は中学を卒業すると、福井の繊維問屋に丁稚《でっち》奉公《ぼうこう》に出された。毎朝、店先をほうきで掃いていると、中学のときの同級生が、女の子と一緒に笑いながら高校に通う光景に遭遇する。すると小田は、惨《みじ》めな自分の姿を見られまいと、店のなかに隠れるんですね。

そういう話をしているうちに、私の生い立ちや貧しかった少年時代の話もした。

大学卒業して検事になる人間なんて、しょせん裕福でエリートという頭があるじゃないですか。実際、今まで小田を調べた検事は、貧しかった人間の苦労や気持ちをわかろうとしなかったと小田は言う。僕はそういう血も涙もないエリートじゃないとわかって、「えっ、あなたもそんなに苦労したの」と共感し、「わかりました。私の知っていることを話します」と、横手議員の名を出してくれたんです。

マスコミの嗅覚には脱帽――田中

横手代議士から自民党の稲村左近四郎元国土庁長官の名を引き出すことに成功した裏にも、こんなエピソードがありました。

マスコミに嗅ぎつけられないよう、八王子区検に任意で横手代議士を呼んで調べたのは、前述した通りです。ところが、夕方になって飯を食べた後、外を見たらマスコミが大勢張り込んでいる。それまではマスコミがいなかったのになんでや？　とビックリした。マスコミにばれたら、僕はクビですからね。

さあ、どうしようか。私は一計を案じた。区の検察庁だから職員は四、五人しかいない。ひとりずつ帰して、僕と検察事務官、横手議員の三人だけが残り、部屋を真っ暗にした。もう誰もいませんというわけです。

そしたら横手さんが感激して、「いやあ、検事、ありがとうございます。ここまでかばって

稲村左近四郎

くれて」。彼は自分のために、僕が一生懸命やってくれていると勘違いして、撚糸工連事件の核心に触れたんです。

　稲村議員と横手議員は、たまたま議員会館の部屋が隣同士で親しくしている。横手議員が、撚糸工連の問題で国会質問をすることが決まった直後、会館のトイレで一緒になった稲村議員から、「今度、あんた撚糸工連の質問するらしいね、よろしくお願いしますよ」と肩を叩かれたという証言を得た。

　ただ、撚糸工連からカネを受け取ったことは認めたものの、「私も天下の公党の一員だから、金額は勘弁してくれ」と泣きつく。請託の事実を認めただけで、受託収賄罪は成立するので、我々検事にとっては金額はどうでもいい。翌日、別動班が横手事務所のガサ入れをすることになり、僕はさらに詳しい調書を取る段取りになった。

　一方マスコミもさるもので、部屋を暗くして息を潜めていても、なかなか引き揚げようとしない。やっと新聞社のハイヤーが動き出したのは午前三時。それから車を呼んで、横手議員を帰しました。

　マスコミもたいしたものだと思いましたよ。後で新聞記者に「なんで、わかったんや」と問うと、八王子区検で調べているらしいと目星をつける手がかりとなったのは、丼《どんぶり》だったという。

マスコミは我々が動いていることは嗅ぎつけていたけれど、どこで調べているかわからないので、手分けして都内を嗅ぎ回っていた。すると、八王子区検に夜、出前が入った。そこで、出前持ちに「いくつ持っていった？」と確かめてみると、区検の職員の数より三つほど丼が多い。これは間違いないと、一社が張り込み、アッという間に各社に伝わり、二社になり、三社になり……。さすがプロやなあ、と恐れ入った。

イチかバチかの勝負——田中

話を戻せば、検察が最終的なターゲットとして想定していた自民党の稲村左近四郎議員の名前も出てきて、「さすが田中や。よくやった。お手柄だ」となった。

別動班の家宅捜索で、横手事務所から赤ペンで修正した質問趣意書が出てきて、物的証拠も出てきて、後は、僕が横手議員から詳しい供述を引き出して調書にすれば、間違いなく立件できるところまできました。

しかし、翌日、現れた横手議員は、カッカしていて、開口一番、「検事、昨日の調書を破ってくれ。呼び出しには応じなければならないので出頭したが、破ってくれないと、今後、一切取り調べには応じない。私への容疑は事実無根。私は潔白だ」とだだをこねる。

深夜帰って、当時、民社党委員長だった塚本三郎《つかもとさぶろう》氏や弁護士からごっつい怒られたという。横手さんは気弱なところがあって、周囲の声に左右されるんですね。

調書の原本を持っている私は、そこでイチかバチかの大芝居を打った。

「わかった。先生、破れるものなら破ってみい。これは公文書だ。検事の私と先生が署名した立派な公文書だ。先生、破れるものなら破ってごらん。そしたら、贈収賄より重い、公文書遺棄という罪で現行犯逮捕するぞ」と。

そして、検察事務官に「おい、すぐに手錠持ってきておけ」と言い、追い討ちをかけた。事務官とは打ち合わせはしていなかったけれど、そこは阿吽《あうん》の呼吸。事務官もすぐに手錠を持ってきて、バンと机に叩きつけた。その瞬間、私が畳みかけた。

「現行犯は裁判所の許諾がなくても、民間人でも誰でも、相手をすぐに逮捕できる。どうぞ、破ってください」

それでも横手代議士が調書を破っていたら、撚糸工連の事件はそれまででした。仮に破っていたら、逮捕はできる代わりに、こちらも教唆《きょうさ》した罪を問われる。私が逮捕されることはないでしょうが、検事をクビになってもおかしくない。

また、破らなくとも、本当に怒って帰ると言い出せば、任意なのでこちらとしても制止できない。横手議員には弁護士もついている。弁護士に連れて帰られると手出しできません。

しかし、私はこの賭《か》けに勝ち、横手代議士は、ここに電話させてくれ、あそこに電話させてくれと言って、電話をかけ始めた。そして調べが始まったら、前日以上の証言が得られた。もちろん、最初から博打《ばくち》を打とうなどと考えていたわけではありません。何とかせにゃいかん、このままでは、せっかくここまで来た事件の解明が水の泡になると必死だった。それがとっさの博打のような勝負になっただけです。

検事なら誰でも現場で不測の事態に遭遇する。そのときに、上にいちいちお伺いを立てていたのでは、対処できない。かといって、調書を出せなければ、次の調べには進めないので、取り調べのときは、検事はみな必死なのです。

塚本三郎

撚糸工連事件でいえば、小田から請託の話が出てきて、横手議員に進む。横手議員から供述が得られて初めて、稲村議員に迫れる。事件を解明し、さらに深いところまで突っ込んでいくには、多少、危険な橋でも渡る覚悟が要る。イチかバチかの勝負にかける度胸がなければ、検事は勤まりません。

実際、手錠を置くのですから、これはもう脅し。褒《ほ》められたやり方ではないけれど、真実を解明するにはやむを得ない場合もある。

もっとも、普通の検事は、とくにエリートの赤レンガ派は、私のような危ない勝負はしません。しかし、私はゼロから出発した身、少々のリスクは覚悟で突っ込んでいった。

苦労人を潰すとき心が痛むか——田原

私も横手文雄とは面識がある。決して悪人じゃない。むしろ、いい人ですよね。

横手は、鹿児島から集団就職で福井に出てきて、紡績工場に勤め、名もない一工員から苦労しながら一歩一歩、階段を上っていって、代議士にまでなった。カネにもほとんど縁がなく、奥さんも新聞配達をして家計を支えていた。そこまでしないと、やっていけないほど台所は苦しかったんですね。

横手は、撚糸工連の小田理事長から二〇〇〇万円を受け取ったとされているが、横手の人柄からしても、贅沢をしたいとか、私腹を肥やしたいという、邪《よこしま》な動機ではなかったと思う。金銭面の苦しさもあって、つい魔が差して受け取ってしまったのでしょう。

つまり、悪い奴なら、田中さんが脅したところで、取り調べにも応じないし、調書も破ったかもしれない。横手はいい人だから本当のことを喋ってしまったわけです。

横手のやったことなんか比べものにならないような不正を働いている政治家は他にもたくさんいる。横手は政治家としては、むしろ、善良で正直な部類でしょう。しかし、田中さんががんばってしまったために、結局、横手は一審では有罪になり、二審で逆転無罪となったものの、最終的には執行猶予つきながら有罪判決を下される。

その前に、民社党を離党しなければならなくなり、受託収賄罪で起訴された直後の四月に行われた衆参同日選挙では、無所属で出馬。土下座までして無実を訴えたけれど、落選し、政治生命を断たれてしまう。民社党も新しく書記長となった大内啓伍《おおうちけいご》代議士が落選するなど大敗を喫した。

言ってみれば、真面目に地道に歩んできた、横手という男の人生を潰してしまったわけです。そのことについて心の痛みはあったでしょう。

検察の正義とは違う自分の正義——田中

僕も取り調べしたときから、横手の人柄の良さは感じていました。本当に悪くて度胸がある悪徳政治家なら、一検事ごときが俺を逮捕なんかできっこない、単なる脅しだ、とたかをくくり、調書を破り捨てたでしょう。

私が賭けに出たのも、横手と接していて人の好さを感じたからです。こいつ破るなと思ったら、あんな方法は採らない。見るからに顔に人の好さが表れていたので、「破れるものなら、破ってみい」と恫喝《どうかつ》して賭けに出た。とっさの思いつきではあったけれど、そこらの計算が働いていたのは確かです。

田原さんのおっしゃる通り、喋らせれば、横手の政治家としての人生に幕を引くことにはなる。しかし、同じ潰すのでも、潰しようだと思った。いやしくも代議士がカネをもらって、一業界のために有利な質問をした。その真実を公に晒《さら》すことが、僕の正義感でした。

貧しい境遇に生まれ、苦労したことは同情しますよ。その辛さ、みじめさは私自身、嫌というほどわかっていますから。

横手は、野党の民社党とはいえ、国政をあずかる代議士になった。母校の誉《ほま》れ、郷土の誉れです。後になって、母校の恩師から横手に宛てられた手紙を読ませてもらって、手を取り合って一緒になって泣いた。

ただ、事実は事実、犯罪は犯罪です。曲げられません。その限りでは潰してどうのこうのとは微塵《みじん》も考えなかった。

だが、検察の正義とは違う、貫かなければならない僕の正義があるといつも思っていましたし、実際、弁護士になって以降も、ずっと自分の正義は貫いてきたという自負はあります。

第一一章　捜査線上にあがった懲りない面々

伊藤寿永光の天才的な調子良さ――田中

田原さんはどう思われるかしれませんが、僕は世間ではいかがわしいと言われている男たちに魅力を感じるんですよ。僕は弁護士というバッジを持っているので、なんぼ悪徳やと言われても、ある程度の信用はあります。社会的地位も許永中や伊藤寿永光よりははるかにある。

でも、彼らには僕が勝てないものがあると感じた。一言でいうと強い生命力です。

たとえば伊藤は、何十億、何百億のカネを動かしてゴルフ場や美術館、学校、葬儀場、結婚式場といった形あるものを実際につくり上げている。住友銀行の磯田一郎に近づく前も名古屋で事業を立ち上げ、既にそれなりに多くのものを社会に残していた。

伊藤と初めて話したときは、チャランポランなところがあって、虚業家じゃないかと感じる面もあった。でも、僕がバッジ外して、こいつと同じことできるだろうか、と考えてみると、男として勝てない部分がたくさんあるわけですよ。

彼らのバイタリティ、企画力は僕らにないものがある。話してみると、世渡りの術とか人との接し方とか教えられることがいっぱいある。本を読んでも決してわからない、世の中を生きていくための、技術や知識を教えられる。

財界に大きな影響力を持っていた住銀の磯田一郎も取り込まれたぐらいだから、伊藤には人

伊藤寿永光

を惹《ひ》きつける魅力もありました。天性の人たらしというか。ホントに調子いいんですよ。

当時、イトマン事件に関わった許永中と伊藤寿永光、大阪府民信用組合理事長の南野洋《みなみのひろし》の三人から、連日のように事情を聴取していた。伊藤ひとりから話を聞くと、こいつは真実を喋っているなと思う。

ところが、永中と南野から聞いた話をつき合わせてみると、伊藤の言ったことは真っ赤な大嘘。「あの野郎、明日の朝、来たら、とっちめてやろう」と思って、翌日、早めに事務所に行って待ちかまえていたら、元気な大きい声で「先生、おはようございます。今日もよろしくお願いします」と屈託なく入ってくる。

その途端に、振り上げていたこぶしが下ろせなくなる。怒りがへなへなと腰砕けになる。伊藤はそんな天性の調子良さを持っていました。

彼らはその能力を使って、カネを引き出し、事業を展開していく。そう言うと、カネも持っていないのに何十億円ものカネを動かすのは、いかがわしい証拠じゃないかと思われる方がいるかもしれないけれど、僕はそうは受け取らなかった。

並みの人にはない能力があるんだと理解した。だから、当然、自然と、最初から僕が顧問になったところは、いかがわしいところばっかりになっていった。いい意味で言ったらオーナー会社、叩き上げ。しかし、世間から見たら、叩き上げなんていかがわしい。でも、僕はそのいかがわしさに凄い魅力を感じたんですよ。

許永中の真実――田原

僕も田中さんが間近で接した闇の怪物たちの素顔を知りたい。

一説には、総額二兆円を食い尽くしたと言われているアウトローのなかのアウトロー、許永中にはとくに興味がある。田中さんがなぜ、永中のような男に惹かれ、事件に連座しているのかも含め。

永中は大阪生まれの在日韓国人。大阪工業大学を中退し、不動産業者の秘書のようなことをやっていたと言われていますね。

永中の生まれた大阪の地域には、同和関係者も数多く住んでおり、部落解放同盟の幹部から目をかけられたことをきっかけにチャンスをつかんだ。そして、二〇代後半の頃、休眠会社だった大淀建設を買い取って、社長におさまり、これを足がかりにのしていった。若い頃から裏社会とのつながりがあったらしいですね。

永中は実際はどんな男だったんですか。田中さんが、危険承知でつき合うほどの男だったんですか。

大阪のフィクサーにかわいがられて——田中

許永中は、若い頃からヤクザみたいなマネをしていて、恐喝まがいの悪さもやっているという噂は聞きました。永中は実際、指が一本ない。ヤクザと深い関係にもあった。昔の彼を知っている連中は、「ドチンピラ」としか呼びませんよ。

僕が聞いたところによると、彼を政官財界の表舞台へ引き上げるきっかけをつくったのは、野村周史という人物だったそうです。野村の前身は知らないけれど、彼は大阪のフィクサーで岸昌大阪府知事の懐《ふところがたな》刀と言われていて、大阪地検時代、僕が岸知事を引っ張ろうとしたときにも名前が出ました。渡辺美智雄元大蔵大臣の大阪後援会代表で、子息を渡辺氏の秘書にしたことでも知られている。

許永中

知事の金庫は野村が握っていて、選挙費用から始まって、岸知事のカネはすべて彼が仕切っていたんですよ。僕が大阪で検事をやっていた頃は、相当な力を持っていた。

永中は、この人物と巡り合い、「野村」という日本名の姓を名乗るようになった。

そして、永中を見初めた野村周史が当時、東邦生命社長の太田《おおた》清蔵《せいぞう》に永中を引き合わす。太田は、数々の仕手戦や会社乗っ取りで名を馳《は》せ、アングラマネーに通じていると噂されていた人物だから、カネがある。

永中は太田のカネに目を付け、引っ張った。太田は金融業のアイチの森下安道会長とも親しい。永中は森下と知り合うと、今度はアイチからもカネを引っ張り、のし上がっていくのです。

本気で取り組んだオリンピック招致——田中

許永中は詐欺師と言えば詐欺師ですが、もの凄い企画者、プロデューサーですよ。相手をその気にさせる企画力がある。彼が企画したものが途中でカネがつまって、成果として出てきていないから詐欺師呼ばわりされるだけ。

企画したものを見てみると実に凄い。こいつにだけは勝てないと思うぐらいです。

たとえば、永中は本気で大阪にオリンピックを招致しようと考え、大阪帝国ホテルのタワー棟の高層階を上から三フロア借り切って、そこに「アメリカンクラブ」という名称の社交場をつくろうとする。

オリンピックを大阪に持ってくるためには、ＩＯＣ（国際オリンピック委員会）の理事を取り込む必要がある。ＩＯＣの理事をアメリカンクラブの理事にし、落とそうというのが、永中の構想でした。

当時、ＩＯＣでサマランチ会長の次に力を持っていたのは金雲龍《キムウンヨン》副会長。韓国人の金と永中は友人で、実際、金雲龍をアメリカンクラブの理事に迎え、会長には永中と関係が深かった石橋産業の石橋浩《いしばしひろし》社長を据えた。

僕もわからんのですが、あのビルは三菱地所の持ち物ですよ。永中にあれだけのものを借り上げるだけの資力があるとは考えられない。

堤義明

だけど、あいつは、何か知恵を働かせ、借りたと思うんですよ。そして、工事を始めた。僕の事務所も顧問として来いと、設計図まで描いて持ってきた。

当時、横浜もオリンピックの招致に名乗りをあげていて、西武鉄道グループがバックについて熱心にやっていた。

永中の話によると、アメリカンクラブ構想に危機感を持った西武鉄道グループの総帥、堤義明《つつみよしあき》から「クラブを譲ってくれないか」と申し出があり、断ったという。永中が言っていたことだから、彼一流のはったりだった可能性もあるけれど、永中がアメリカンクラブ創設に、情熱を持って取り組んでいたのは間違いない。

「吉田司家と出雲大社を合体させる」——田中

あるいは、オリンピックの種目に相撲の導入を目論《もくろ》み、大阪に国技館をつくろうとする。

現役時代、佐田の山のしこ名で人気だった大相撲の境川《さかいがわ》理事長や、日大相撲部の田中英寿監督を自宅に招いて、大阪駅の裏にあった全日空の土地に国技館を建設しようなどと話していました。

したよ。許永中と親しくしていた境川理事長は、永中が逮捕されたとき、マスコミから叩かれた。

ではなぜ、境川理事長が永中を信用したか——。永中は、熊本の吉田司家《よしだつかさ》の面倒も熱心に見ていたからです。

吉田司家は行司の総元締めで、江戸時代に横綱という称号をつくったのも吉田司家だった。

江戸相撲の最高番付は大関で、大関のなかで吉田司家が横綱の免許を与えた力士だけが横綱だった。

言ってみれば、横綱は吉田司家が強い力士に与える名誉称号で、熊本の吉田司家まで出向いて奉納相撲をしないと、真の横綱とは認められなかった。

ところが、江戸時代から連綿と続いてきたこの慣わしが、第五八代横綱、千代の富士を最後に途絶えてしまいました。それ以降の横綱は、明治神宮での奉納相撲をして、お茶を濁している。言い換えれば、伝統的なしきたりからすれば、横綱としての正式な手続きは千代の富士の後からは踏んでいないことになります。

なぜ、吉田司家での奉納相撲ができなくなったかと言えば、吉田司家が潰れてしまったから。三和銀行から借金して、返済できず、吉田司家は競売にかけられて人手に渡ってしまった。

そこで、吉田司家が頼ったのが永中です。永中は、詐欺師と非難される反面、あいつに頼めば、裏の社会のことも含めてなんでも解決してくれるという評判がある。だから吉田司家も永中に相談したんでしょう。

それで、永中は吉田司家の人間を連れて、僕の大阪の弁護士事務所に相談に来た。

「吉田司家には最古の行司の軍配や雷電為右衛門《らいでんためえもん》のゆかりの品など、国宝級の品々がたくさんある。これらの品が、銀行に法的手続きをとられて、担保として押さえられた。カネは私が用意して、買い戻しますから、先生、それまで法律的な対抗措置を講じて、吉田司家の国宝級の品を守ってくれませんか」という頼みでした。

「頼みはいいけれど、吉田司家がなくなった以上、吉田司家の国宝級の品を保管しておく場所もなければ、横綱の奉納相撲をさせる場所もない。あんた、その後、どうするつもりだ」と僕が問うと、「替わりになる場所をなんとかつくってやろうと思っとるんですわ。吉田司家と出雲大社と合体させようと、考えとります」と答える。

結局、このカネは、阿含宗《あごんしゅう》の桐山靖雄《きりやませいゆう》管長が用立てた。間に立ったのは、その頃、永中と組んでいた、京都のフィクサーでキョートファイナンスのオーナー、山段芳春《さんだんよしはる》でした。

とまあ、永中は我々ではとても思いつかない、大胆でユニークで、しかもスケールの大きな発想をするわけです。この類希《たぐいまれ》な企画力にみんな参ってしまう。たいした男だと思うんです。

世界一気くばりのできる男——田中

しかも、許永中の気の回し方は手がかゆいところに届く感じで、人の気をそらさない。たとえば海外に行くと、必ずみんなに土産《みやげ》を買ってくる。それも通り一遍のものではなく、自分が向こうで見つけた珍しいものだとか、高価ではないけれど、贈られた人が心に感じる品を持ってくる。

僕の事務所を訪ねて来るときも、僕にではなくて、事務所の女性事務員にケーキを買ってくるとか、昼飯時だったら、みんなの飯を調達してくるとか、ともかく、あいつは細かい配慮を欠かさない。それはたいしたものですよ。

永中と一緒に何度か飯を食った。彼は大阪の飯のうまいところをよく知っているので、どこの食事も絶品。永中がイトマン事件で収監されているときに、あそこうまかったなあと思い出して、彼に連れて行ってもらった割烹料理屋に出かけた。すると、勘定を払う段になって、主人が「受け取れない」という。

「なんでや」と訊くと、「野村会長（許永中）から、もし、俺がなか（拘置所や刑務所）に入っているときに田中先生が来たら、お前、絶対、カネをもらうなよ。俺が出てきたら払うから、ときつく言われているんですわ」。そんな店が三軒もあった。

永中が常連になっている日本料理屋や鮨屋だから、一人前二、三万はする。しかも、僕は永中の顧問弁護士でもない。なのに、そこまで気を遣ってくれる。誰だって気持ちを感じますよ。あいつとつき合ってみると、そういうのが随所にある。

中尾栄一

田原さんもこの先、機会があったら、いっぺん永中に会ってみればわかりますよ。誰でもおもしろい男だと虜《とりこ》になる。たとえ、永中は悪い奴だと思って会っても。

たとえば、中曾根派の事務総長で建設大臣をやった自民党代議士の中尾《なかお》栄一《えいいち》がいい例です。永中は、今も昔も悪というレッテルを貼られている。

僕は悪と言われながらも、弁護士バッジがついているから、永中を見る目と僕を見る目は違う。しかし、永中に初めて会う人間は、みんな最初は警戒している。

中尾は、永中が大悪人だと知ったうえで会ったのですから、相当、疑いの目で永中を見ていたと思う。ところが、同じ回数会っても、僕よりもずっと胡散《うさん》臭いと思って警戒していたはずの永中に魅力を感じて、コロッと取り込まれてしまうたんやから。

大がかりな詐欺の道具立て——田原

大がかりな事業を考えられる抜群の企画力が許永中にあったとしても、だからこそ永中は詐欺師と言えるのではないですか。

永中にしても伊藤にしても、資金の目処《めど》も立たないで、大きな事業をやろうとするわけでしょう。借りるときだって、返済のあてはまったくない。

普通に考えて、こんなことはあり得ませんよ。彼らの企画する事業は一〇〇億、二〇〇億じゃきかないほどの大がかりなものでしょう。資金がないのだから、実現しっこない。なのに、カネを次々と引っ張ってくる。

破綻するとみすみすわかっていて、融資をどんどん受けるのだから、それは詐欺ですよ。永中のアメリカンクラブや大阪国技館構想にしても、しょせん詐欺の道具立てとしか思えない。つまり、初めから実現を前提としていないから、いくらでも大きなことが言えるんですよ。資金計画も返済計画も度外視してなら、夢のような話も語れるでしょう。

彼らが実業家なら、実現への道筋をきちんと立てて、担保も出して銀行から融資を仰ぐはずですよ。

許永中も伊藤寿永光も詐欺師としか、言いようがないんじゃないですか。

「背任ならいいが詐欺ではない」と言う理由――田中

田原さん、それは正常人の感覚ですよ。僕も含めて普通の人は、事業を構想するときに、まず将来のリスクを考える。現実から出発して、この程度の事業じゃないと無理だなといったふうに筋道を立てて考えますよね。

しかし、彼らは違うんです。初めに夢を考える。現実を横に置いて、こういう事業をやりたいと思うわけです。そしてその実現に向けて突っ走る。

途中で破綻するとか、資金に行き詰まるとかは念頭にない。ひたすら成功を夢見てやる。普通の人から見れば、現実の世界と夢の世界が一緒くたになっているとも言える。空想の世界を現実になると思い込んでいるとも受け取れる。

でも、彼らは、実現できると心から信じているんですよ。多くの場合、カネが行き詰まって詐欺師呼ばわりされるのだけれど、なかには実際に成功した事業もある。

たとえば伊藤のやった事業に、「天国にいちばん近い島」として知られるニューカレドニアの開発がある。結婚式場を経営していたこともあって、伊藤はニューカレドニアに新婚旅行のカップルを送り込む事業を思い付く。ニューカレドニアはフランス領なので、簡単には事は進まない。しかし、伊藤は四方八方手をつくして、莫大な資金を集め、フランスから五〇年契約で土地を借り受け、新婚旅行向けに開発し、自分の夢を実現したんです。

許永中も虚業家だ、ペテン師だと非難を浴びるけれど、山口県の下関《しものせき》に本社を置く関釜《かんぷ》フェリーのオーナーに収まっている。彼は、日本で育ってはいるが、日韓が戦争になったら、韓国に戻って日本と戦うと公言しているほど韓国を愛している。育った日本と韓国の友好に尽くしたいというのが彼の夢のひとつです。

そこで下関と釜山《プサン》を結ぶ関釜フェリーに目をつけた。今は各地に日韓を結ぶ航空路ができて、フェリーの重要性は薄れているけれど、関釜フェリーは、当時、日本と韓国を往来する欠かせない航路だった。恐らくあいつのことだから、手練手管《てれんてくだ》を駆使したのでしょうが、関釜フェリーの株を買い占め、現実にオーナーになったのです。

やれると思って、やってみて、実際に実現した事業もあるので、余計に自分たちのやり方は正しいと考えているのですね。

ですから、彼らには、人を騙《だま》しているという意識はまったくありません。むしろ、詐欺だけはしないという自負を持っている。

永中は、石橋産業事件で、詐欺容疑で収監されているわけですが、「私は詐欺と言われれば、一生立ち直れんのですよ。そんな不名誉なことはない。背任罪なら潔く刑に服する。しかし、詐欺という汚名を着せられたままで、死ぬわけにはいかないから、徹底的に戦う」というのが方針なんです。

永中は人一倍プライドが高い。でも、伊藤も永中も、夢とロマンの世界の住人だから一般の人にはなかなか理解されないのですよ。

「京都の田中角栄」山段芳春——田原

ところで、許永中の話に出てきた京都のフィクサー、山段芳春も得体の知れない人物ですね。表舞台にはその名はあまり出てこなかったけれど、京都の政財界に絶大な力を誇っていた。野中広務と並ぶ京都のドンとして知る人ぞ知る存在で、「京都の田中角栄」と呼ぶ人もいた。まさに陰から表の世界を操る黒幕と呼ぶにふさわしい人物だった。

山段は全盛期には、政官財の各界ばかりではなく、医師会、警察、検察、市役所などあらゆる世界に多大な影響力と情報網を持っていると言われていましたね。

しかも、京都のマスコミも山段に牛耳《ぎゅうじ》られていた。京都新聞、KBS京都……近畿放送も彼の影響下にあった。なかでもKBS京都は、山段が事実上のオーナーだった。

また、闇の社会にも太いパイプがあり、京都の広域指定暴力団、会津小鉄会を率いていた高山登久太郎会長とも親しく、高山の長男が経営していた会社の新石垣島空港用地買収に際して多額の融資を行っていたのは山段のキョートファイナンスだった。関西ばかりでなく、関東の住吉連合などともよしみを通じていたと言われています。

山段は、この幅広い怪人脈をバックに政界をも動かし、「京都の歴代市長は、彼が決めるんだ」とまで言う人がいたほど、京都の政界に隠然とした力を持っていた。中央政界にも大きな影響力があり、自民党だけでなく、社会党、民社党、公明党などにも、彼の息がかかった国会議員がいたと言われている。

山段は若い頃、GHQと深い関係を持っていたそうですね。得体の知れない陰の男たちの過去を探っていくと、戦後のGHQとの人脈にぶつかることが多々ある。戦後をずっと引きずって来たのが日本社会なのですね。

GHQ諜報部員——田中

山段は一九三〇年、京都の福知山《ふくちやま》生まれ。僕が知り合ったときは、既に六〇代半ばを過ぎていたので、若い頃の話はよくわからんけれど、もともとは警察官だったと聞いています。

戦後の混乱期に、西陣警察署で米軍接収施設の警備にあたっていた。その縁で、GHQの諜報部長でキャノン機関やCIC（陸軍諜報部隊）を率いていたチャールズ・ウィロビー少将に仕える。

そこで、スパイとして訓練を受けて、諜報活動のノウハウを学んだというのが定説になっている。GHQで培った人脈と情報力を武器に、のしあがってきたんだと思いますよ。

許永中と山段が知り合ったのは、イトマン事件のさなかでした。山段は京都銀行の裏顧問で、彼が率いていた京都信用金庫やキョートファイナンス、キョートファンドなどの金融機関の資金力を背景に、経営難に陥っていたKBS京都の経営に介入する。永中もKBSには関わっていて、ふたりは最初、経営の主導権争いを繰り広げますが、やがて手を組み、一緒にKBSを牛耳るようになる。

ふたりがKBS京都の社長に送り込んだのが福本邦雄《ふくもとくにお》です。この男も表と裏の顔を持っていて、画商であると同時に政商。中曾根康弘、安倍晋太郎といった政治家とつながりがあった。なかでも竹下登とは近く、福本は山段、永中の意向を汲んで、竹下の女婿《じょせい》の内藤武宣をKBSの常務に据えた。

福本が社長に就任するにあたって、KBSの職員たちを前に、

「内藤に逆らうことは、俺に逆らうことだ。ひいては、竹下登に逆らうことだ」

と見得を切ったという話は、伝説になっている。

永中と山段はその後も協力関係にあり、アイチの森下安道会長が、山段が裏顧問を務める京都銀行の株を買い占めたときには、永中は山段に頼まれ、アイチに流れた株の買い戻しに尽力した。永中は山段に恩を売ったわけで、実はその後、これが石橋産業事件で大きな意味を持ってくるんです。

数百億円をひたすら配った魂胆——田原

田中さんが逮捕される原因をつくった石橋産業事件については、後でじっくりとお伺いすることにして、田中さんの本にも登場する政界のタニマチ、中岡信栄。あの男のカネのバラ撒《ま》き方も常軌を逸していますね。

中岡は「五えんや」という大阪の焼き鳥屋から身を興《おこ》し、一代でホテルやゴルフ場、ノンバンクまで手広く事業を展開するようになった、言ってみれば成金実業家ですよね。

彼は北海道拓殖銀行を潰した男として知られている。拓銀系列のノンバンク、エスコリースからジャブジャブと融資を引き出す。彼がエスコリースから引っ張って、焦《こ》げ付かせた金額が二〇〇〇億円。これが大きな原因となって拓銀は破綻した。そして自分自身も破滅していった典型的なバブル紳士だ。

焦げ付かせたカネのうち、相当な額が政官界に流れていたという事実を田中さんは書いていらっしゃる。登場人物は当時の実力者ばかりですね。

竹下登元首相、安倍《あべ》晋三《しんぞう》前首相の父で、清和会を率いていた元外務大臣の安倍晋太郎、当時、参院自民党を牛耳っていた元総務庁長官の玉置《たまき》和郎《かずお》、後に参院のドンと呼ばれる、村上正邦。野党では民社党の元委員長、春日《かすが》一幸《いっこう》、公明党元委員長の矢野《やの》絢也《じゅんや》……。

旧大蔵官僚に対する接待汚職も。「ノーパンしゃぶしゃぶ」ですっかり有名になった大蔵省の中島義雄元主計局次長や、田谷《たや》広明《ひろあき》元東京税関長とも交流があり、彼らみんなに中岡はカネを惜しげもなくやっていた。

その額たるや尋常じゃない。そばで中岡が無造作にカネを配る様子を見ていた田中さんは、「数百億円はくだらないのでは」と推測している。佐川急便の佐川清と並ぶ政界の大パトロンだった。

矢野絢也

佐川と違って、中岡の事業はさほど大きくなっていない。中岡は何のためにそんな巨額を政治家や旧大蔵省の役人に惜しげもなくやっていたのかわからない。

中岡の狙い、魂胆は何だった？

成り上がり特有のタニマチ気分——田中

魂胆なんて何もないんです。文字通りタニマチ。カネはやるけど、見返りは要求しない。中岡の自己満足です。

カネをばらまくタニマチの世界を見てみると、成り上がり者が多いじゃないですか。サントリーの元社長、佐治敬三《さじけいぞう》のように、きれいな形で貴乃花の後援会長をしていた財界人もいるけれど、成り上がり者がタニマチとして相撲界を食わせ、芸能界を食わせるんですよ。

タニマチとして相撲界や芸能界に途轍《とてつ》もないカネを使っていた人間を、僕はたくさん知っている。彼らに共通しているのは、それをステータスと感じている点です。

学もない、家柄もない自分に、有名芸能人がひざまずいたり、政治家が頭を下げる。それが気持ちいい。そのためにカネを渡しているんです。有名人をアゴで使える、自分は偉いという倒錯したステータスなんです。

叩き上げの連中はほとんどそうですね。中岡のオッサンも、政治家だけでなく、芸能人のパトロンでもあった。京唄子《きょううたこ》や後に大阪府知事になった横山《よこやま》ノックなんかよく見かけましたね。

彼ら芸能人には、一度に三〇〇万円から五〇〇〇万円、時には一〇〇〇〇万円渡すこともあったようです。

中岡は、字もろくに読めない。ちょっと難しい漢字には僕が仮名をふってあげていたぐらい教養とは縁遠い。政治家との交流は幅広くても、政治に関しても音痴といったほうが近い。僕が意見を言っているのを聞いて、相づちを打つだけです。

だから、カネの代償に何かをしてもらおうという気はまったくない。中岡のような、カネが腐るほどある成り上がり者は、何も不自由するものはないかわりに、やってもらうこともないわけですし。

ちょうど豊臣秀吉《とよとみひでよし》が家柄の非常によい、べっぴんさんばっかり側室にしたのと同じだと言えばわかりやすいかな。松平《まつだいら》という名門の家に生まれた徳川家康《とくがわいえやす》は、秀吉とは対照的に容姿は二の次で、健康な子供を産んでくれる体の頑丈な女性を望んだ。成り上がりと、名門の違いはこれじゃないですか。

拓銀のカネを湯水のように使った――田中

中岡はもともとは料理人で、松下幸之助《まつしたこうのすけ》にお前の腕はいいとほめられたと言っていたから、松下の社員食堂にでも勤めていたんじゃないですかねえ。その後、独立して「五えんや」という大衆焼き鳥屋を始める。これが当たって、チェーン展開するまでになった。

焼き鳥屋を始めた頃には、国税局や警察によく頼み事をしていたようです。税金の問題があるから大蔵官僚とは仲良くしていたわけですよ。

警察は事業の関係です。中岡の焼き鳥屋が大きくなったのは、歩道まではみ出して、焼き鳥屋を出していたから。それが目立つ。歩きにくいけど、じゃあ、ちょっと焼き鳥でも買って行こうか、食ってみようかになる。

でも、道路交通法違反ですからね。警察の取り締まりを逃れるために、中岡は、大阪府警の元交通部長を顧問に迎えていました。警察のお偉いさんだった人間が顧問として、七、八人いた。

それを朝日新聞が、最後の最後に「府警との癒着だ」と叩いて、事件になりそうになった。僕が頼み事をされたのも、そのときの対処ぐらい。当時、オッサンにとって焼き鳥屋なんかどうでもよくなっていたので、道路から店を引っ込めて終わり。カネはくれるけれど、他には何も要求されなかった。

中岡は「五えんや」をチェーン展開する過程で、エスコリースの大阪支社からカネを引くようになった。中岡は許永中と一緒で、学校は出ていないけれど、人の気をそらさないというか、人付き合いはうまい。

エスコリースから借りたカネの一部で、拓銀やエスコの幹部連中を接待する。飲み食いはもちろん、女の面倒も見る。カネも渡す。要するに癒着して、ほとんどノー審査同様で融資を受けるようになるんです。

配ったのも、みんな拓銀のカネ。エスコから二〇〇〇億円のカネを借りて、最終的には破産の手続きはとらなかったが、潰れたときには、五年間で約三五〇億円もの使途不明金があったんですから。

中岡が東京に来たときには、ホテルオークラの別館の一二階、インペリアルスイートと呼ばれている幾部屋もあるペントハウスフロアをすべて借り切る。ああいう場所は、カネだけじゃあ借りられないので、誰か政治家の口利きがあったんでしょう。

そこに政治家がひっきりなしに来る。オッサンが元気な頃は、消費税が決まるか決まらないかの時期。当時の中岡の口癖は「消費税が決まったのは、俺のおかげや」。「会長、なんで」と訊くと、「あれなあ、公明党がＯＫせん限りは可決されんやろ。公明党の矢野と自民党の中曽根、竹下、安倍をここで会わせて話をさせたんや。それで決まった」。

大物政治家になると、人目のある場所では会えない。「政治家たちに密談をさせるために、オークラのペントハウスを全部借りてるんや」と、いつも言っていました。

じゃあ、消費税が上がって中岡に何かメリットがあるかといえば、全然ないわけです。

誰もマネできない気前の良さ——田中

中岡のオッサンは、僕が今まで会った人間のなかでは、カネ遣いが一番荒かったというか、きれいだったというか、カネに関してはともかく豪快な人でしたね。

僕が中岡と縁ができたのも、もともとは大阪地検特捜部の検事のときに、彼の派手なカネのバラ撒きを小耳にはさんだから。あれは東京に転勤になるちょっと前かな。

親しくしていた毎日新聞の記者から、「田中さん、中岡というオッサンがおって、とにかくおもしろい。誰にでもカネを配っている。僕らにもカネくれるんですわ。僕ら新聞記者が行くとだいたい二〇万や。自分が行ったときに、近畿財務局のお偉いさんが来てて、百数十万円もする本間ゴルフ製の高級アイアンセットを、もらって帰ったんを見ました」という話を聞かされた。

ちょうど岸昌大阪府知事の事件を潰されそうになっていたのでむしゃくしゃしていたところ。そりゃおもしろいとなって、内偵捜査に着手した。そしたら、出てくるわ、出てくるわ、中岡にカネをもらったと思《おぼ》しき役人が次々と浮上してきた。そして、最後に名があがったのが検察庁のお偉いさんだった。

その人は現職の検事長で僕らのかつての上司。後に辞めて中岡の企業の顧問におさまった。現職の検事長との癒着があるとなると、こっちもあまり気味が良くない。躊躇《ちゅうちょ》しているうちに、僕は大阪を離れることになったのです。

次に大阪に戻ってきたときにはもう検事のバッジははずしている。検事を辞めた直後に中岡のオッサンが、ある人を通じて僕に会いたいと言ってきた。大阪時代、僕が内偵していたのを知っていたんでしょうね。僕もオモロイ人物やなあと思っていたので会うと、こう言う。「君が田中君か。お前もいい度胸しているなあ。大阪でわしを狙うとは。これから弁護士になるんだったら、わしの味方してくれんか」

その言葉が気に入ったので、「よっしゃ、味方になったるわ」で、つき合いが始まった。実際に中岡のオッサンの傍で見ると、聞きしにまさるカネのバラ撒き方でした。たとえばオークラに泊まる。車寄せで車から降りると、ドアをボーイが開けてくれる。そういうドアボーイにも、だいたい五万円のチップを渡す。

あまりにも気前がいいものだから、中岡が泊まるオークラのペントハウスには、用もないのにしょっちゅうホテルのボーイがウロウロしていて、「会長、何かご用はありませんか」。そんなカネ目当てのボーイにもカネをやる。

政治家の秘書にはだいたい一〇〇万円。帯封《おびふう》の現金を封筒に入れて用意している。秘書にとっては、もの凄くおいしい。だから一日何度も訪ねてくる。するとオッサン、「お前、朝来てなかったか？」とちょっと嫌みを言いつつも、また渡す。

また、中岡は大阪にいるときは、自分の経営するノンバンク、ＥＣＣの会長室に陣取っている。ここには大きな机がある。といっても、字もろくに読めないオッサンだから、仕事をするための机じゃない。

引き出しに詰まっているのは、全部、現ナマ。来訪者に渡すために、茶封筒に入った現金が入れられている。そして来る人来る人に用意してあった茶封筒を渡す。

僕が行くと、そのつど、一〇〇万円のやつをくれようとする。「会長、僕は弁護士やっているから、カネそんなに困っていないからいいよ」と断ろうとすると、「カネがあって困らんやろう。持ってけ」。

本人も自分がバラ撒いたカネがどれだけだったのかわからなかったと思いますよ。それぐらい、カネ離れは良かった。

安倍晋太郎も入った牛乳風呂——田中

また、会長室には浴室があって、牛乳風呂にいつでも入れるよう沸かしてあった。中岡は牛乳風呂が大好きで、オークラに泊まったときも常時、準備させていて、僕は入ったことはないけれど、安倍晋太郎なんかよく入りに来て、「ああ、いっぺんで疲れがとれた」と大声で喜んでいましたね。

中岡が中央政界での交流、人脈を広げる最初のとっかかりは玉置和郎だったと思う。玉置の秘書をしていたのが村上正邦で、玉置を中心に政界人脈がどんどん広がっていった。

中岡は多くの政治家と交友関係を結んでいたけれど、本当に好きだったのは玉置、春日、安倍の三人でしたね。

玉置がガンで亡くなってからは、安倍晋太郎をとくにかわいがっていた。安倍は意外に信心深いところがあって、肌身離さず拝み屋さんに書いてもらった紙切れを持っていた。その紙切れには、「本当にあなたのことを思っている人は関西にいる」とか、書いてあった。それを中岡に見せて、「これはあんたや」と言っていました。ごますりもあったのでしょうが、安倍も中岡のことを信用していた。

中岡は、安倍の派閥、清和会の大物だった三塚博《みつづかひろし》、加藤六月とも仲が良かった。その縁で僕も安倍と懇意になり、清和会の顧問弁護士を依頼されました。

清和会には既に民事の弁護士がいた。にもかかわらず、僕が顧問を頼まれたのは、ややこしい話だとか、リクルート事件のように特捜が嚙《か》んでくる事件に備えてでした。僕が顧問の間には、リクルート以外、事件らしい事件はほとんどありませんでしたが。

三塚博

中岡が大蔵省の中島義雄、田谷広明に目をかけていた点について言えば、まず、田谷は大阪出身だからでしょう。いっぽう中島は、カネにまつわるスキャンダルがついて回っていた男だから、中岡のオッサンに限らず、いろんな人からカネをもらっていたようです。

田谷広明

中島は大蔵省から追い出されて再就職した後、不明瞭なカネが問題になって、修正申告を余儀なくされた。中岡のオッサンからもらったカネもだいぶ入っていたので、修正申告にあたっては、僕がアドバイスしました。

中岡のオッサンがカネを撒いた政治家の多くは、もう既に鬼籍に入っている。中岡のオッサンも、表舞台から姿を消した。風の便りによると、今は、病気で寝込んでいるらしい。無一文になって、どこかでひっそりと暮らしていると聞きます。拓銀も潰れた。世の無常を感じますなあ。

住専国会で末野謙一はなぜ神妙な態度をとったか――田原

「浪速《なにわ》の借金王」と呼ばれた末野興産の末野謙一の顧問弁護士も田中さんでしたね。

末野という男は、非常に才覚があって大阪の目立つビルの屋上の地上権だけを買い取って、デカデカと自社の看板を立てる。こうして、瞬《また》く間《たま》に自分の会社の看板で、大阪中の目立つビルを埋めました。

看板を見た人は、末野の会社の物件だと思う。そうやって広告し、信用をつくって不動産業者としてのしてくる。うまいことを考えたものですね。なかなかのアイデアマンだ。

でも、最後は例の住宅金融専門会社、通称住専のひとつ、日本住宅金融などから受けた融資が問題になる。

住専だけで、借入金は、二三〇〇億円、すべての金融機関から借りたカネを合算すると五〇〇〇億円。まさに「浪速の借金王」の名に恥じない額だ。

乱脈融資で破綻した住専への救済措置を政府が実施するにあたって、末野は国会から証人喚問に呼ばれますね。その前日、東京の全日空ホテルで、「平身低頭で『私の見通しの甘さがすべての原因です』と言え」と指導し、予行演習までさせたのが、顧問弁護士の田中さんでしたよね。あの住専国会での末野の神妙な態度は、田中さんの指導の賜物《たまもの》だったんだ。

三年ほど前に出所して、現在は再び事業を始めているそうじゃないですか。末野は事件で、中岡同様、無一文になったはずでしょう。

同じスッテンテンになっても、中岡は文字通りあぶくとなって消えていった。かたや末野は、しぶとく復活を果たそうとしている。中岡と末野はどこが違ったんですか。

復活したドケチ王——田中

バブル期、一世を風靡《ふうび》し、住専の破綻とともに、住専の三大大口借入先だと非難された朝日住建、富士住建、末野興産はいずれも僕のクライアントでしてね。なかでも末野興産が最も有名でした。

末野と中岡はまったく対照的な人物ですね。中岡は借りたカネをほとんどバラ撒いたけれど、末野は関西でいう「ドケチ」。政治家とのつき合いもなければ、人に奢《おご》ることもほとんどしなかった。貯蓄が趣味の男でした。

彼は肌身離さず、パンパンに膨れあがったセカンドバッグを持っていましてね。なかには、何十冊もの預金通帳が入っているんです。

彼の貯蓄術はいたって単純だった。たとえば住専から一〇〇億円借りるとしますよね。そのうち、三〇億円は預金して、後のカネだけを事業に使う。だから、預金が瞬く間に増えていくんですよ。

日本住宅金融から二〇〇〇億以上ものカネが借りられたのは、あそこのドンで、破綻の責任をとって辞任した庭山慶一郎《にわやまけいいちろう》に、末野がかわいがられていたからです。

実生活でも彼はドケチで、洋服や靴はすべてオーダーなのですが、全部ツケ。それが何百万と溜まったときに値切るんです。こんな具合だから、バブルが崩壊したときにも、二〇〇〇億円近くの定期預金がありました。

一兆円近いカネを借りて破綻させた男にしては罪も軽かった。検察は贈賄罪や背任罪が隠れているだろうと踏んで、捕まえたけれど、彼は政治家とのつき合いもないので、たいした事件が出てこない。

最終的には脱税で、懲役三年ぐらい食らったのかな。

二〇〇〇億円あった定期預金はもちろん、中坊《なかぼう》公平《こうへい》が率いた住専の債権回収機構に押さえられたけれど、本人は別途、数百億円の隠し預金を持っていたという噂でした。どのような形で隠していたのかはわかりませんが。

庭山慶一郎

それを資金に事業を再開したんじゃないですか。

現在は、不動産だけでなく、他にも手を拡げ、元気にやっていると聞いています。結局、「ドケチ王」は生き残り、「蕩尽《とうじん》王」は消えてしまったというわけですよ。

第十二章　元特捜エースが落ちた罠

検察批判もせず、なぜ狙われるのか――田原

田中さんの現在の状況を振り返ると、平成一二（二〇〇〇）年に石橋産業事件をめぐる詐欺容疑で許永中らと一緒に逮捕された。一審、二審と有罪判決をくらい、それを不服とした田中さんは、現在、最高裁に上告していますね。

最高裁では事実審は行われない。被告には、判決だけが知らされる。しかも、憲法上の解釈を争うような事件なら判決も覆《くつがえ》る可能性はあるけれど、田中さんのような詐欺疑惑では、逆転勝訴はまずあり得ない。有罪になる確率は極めて高いんですよね。

さらに最高裁の判決は、いつ下されるか、事前には知らされないので、明日、有罪だ、服役しろという最高裁の通達が届くかもしれない。この本が出版された頃には、塀のなかということだってあり得るわけですね。

今は蛇《へび》の生殺し状態。たいへん不安な状況とは思いますが、ひとつわからないことがある。一貫して田中さんは無罪を主張されている。そして著書『反転』のなかで、検察から狙われて冤罪《えんざい》を着せられたのだとおっしゃっている。

ここがよく理解できないんですよ。三井環のように、検察の過去の恥部である調査活動費を白日の下に晒《さら》そうとしたのならばわかる。検察にとって獅子身中《しししんちゅう》の虫のような存在の三井の口

は封じたいでしょうから。

でも、田中さんは検察批判をしていたわけではない。著書で、検察内部の実態を赤裸々に書いて公にしたとはいえ、捕まった時点では、普通の一弁護士でしかなかった。田中さんが、「闇社会の守護神」と呼ばれ、裏稼業の弁護に手腕を発揮していたとはいえ、ヤクザ組織や危ない会社の顧問弁護士を務めているヤメ検は、田中さん以外にも大勢いる。田中さんが検察から狙われるのなら、他のヤメ検だって狙われて然《しか》るべきではないか……。

そういう風に順序立てて考えていくと、田中さんが検察に睨まれたというのが実感としてどうも湧いてこないんですよ。なぜ、田中さんは検察から恨みを買った？　そこをじっくりお聞きしたい。

小谷光浩の事件を潰したために――田中

検察内部の意向ですから、僕自身ははっきりとは真相はわかりませんが、いくつかの要素が複雑に絡み合っているのではないかと推測しています。

まずベースにあるのはジェラシーではないかと。僕の方針は「何事も徹底的にやれ」で、どうせ弁護士を開業するのなら、中途半端な事務所はやめて、多少無理をしてでもある程度のスペースを確保しようと考えていた。そして、新米弁護士としてはずいぶん贅沢な事務所を開いた。

これが誤解を招いた。

特捜を辞める直前、『文藝春秋』の記事が出たでしょう。そのときも、あの野郎、今から営業しやがってという批判が聞こえていた。まったくの濡《ぬ》れ衣《ぎぬ》ですけどね。そこへもってきて僕が開いた事務所を見ると、分不相応じゃないですか。あの野郎、やっぱりなと思うわけですよ。記事との因果関係は全然ないんですけどね。

さらに普通、弁護士になっても、すぐには飯が食えないのに、記事のおかげで脚光を浴びて、いきなり繁盛した。企業、政治家からヤクザまで、各方面から依頼が殺到した。

検察に残っている連中からすると、辞めた僕が、いきなりもてはやされて、なおさらおもしろくないわけですよ。

そのうちに僕によって検察が狙った事件が潰されていく。最初は小谷光浩の事件でした。

小谷は今で言う敵対的M＆A（企業の合併・買収）を日本で初めて仕掛けた男で、東証一部上場の国際航業の株を買い占め、乗っ取った。そして国際航業に乗り込み、二〇〇億円からのカネを引っ張ったんです。検察がそれを背任罪でやろうとした。

検察に狙われていると知った小谷が弁護をしてくれと駆け込んだのが、弁護士になり立ての僕です。帳簿を調べてみると、どっから見ても真っ黒。明らかに小谷の背任罪が成立している。

しかし、僕には奥の手があったんですよ。検察が事件にしてしまったら、九九％有罪だ。でも事件にさせない方法がある。背任罪は会社に損害を与えるかどうかがポイントです。僕は小谷にこうアドバイスした。

「小谷さん、なんぼ逆立ちしても二〇〇億円からの背任罪が成立してるわ。しかし、検察の捜査価値をなくす方法がある。あんたが、全財産を担保に差し出す。そしたら、会社に損害を与えたということにならん。もし、検察がそれでもあんたをパクったら、逆に検察が国際航業の信用を落として、損害を与えたことになるので手が出せんはずや。ほとんど無担保状態でカネを引き出しているから罪に問われるけど、追加担保さえ入れれば、検察にとっては事件にする価値がなくなるんや」

小谷光浩

小谷は素直に従い、全財産を差し出したので、抵当権をつけて担保を追加した。後で担保をつけたからといって証拠隠滅でもなんでもない。損害がなくなるのだから、会社にとっても、むしろいい結果です。

案の定、検察はやめたとなった。

検察庁には遠慮する特捜大物OB——田原

逮捕されて、検面調書を取られると、九九％は有罪になってしまう。それじゃあ、もう遅い。検察が犯罪として立件できるかどうか嗅ぎ回っているうちに、要件が整わないようにすれば、事件にはできない。田中さんは、検察の最も弱いところを突いたわけですね。

普通の弁護士は、そこがよくわかっていないので、裁判になってから戦おうとする。たとえわかっていても、検察の手口に熟知していないと事件の潰し方がわからない。

ヤメ検弁護士でもほとんどが特捜検事を体験していないので、相手の手の内がわからない。特捜体験者の大物OBは功成り名を遂げてヤメ検弁護士になっているので、どうしても古巣の検察庁に遠慮してしまう。田中さんのように露骨に事件潰しができる人は、実はそんなにいないんだ。

田中さんは、弁護士ながら法廷にはほとんど行かない弁護士として知られていた。事件になる前に、検察が手出しできないように潰してしまうからなんですね。

検察の裏も表も知り尽くしている田中さんは、検察にとっては、いずれ邪魔になる存在だった。自分たちの弱点を熟知した男が、テクニックを駆使して、事件を潰しにくるんだから。田中さんが検察から狙われる素地は初めから充分あったわけだ。

仕手戦に乗り損ねて命拾い――田中

小谷事件がこれで終わったらまだ良かったのですが、その後がさらに悪かった。カネに詰まった小谷は藤田観光株の仕手戦を仕掛けた。一週間で二〇〇億円ほど儲けたというから、派手にやったものです。

背任で小谷をやれなかった特捜は、このホヤホヤの出来事に目をつけた。そして、人為的に株価を釣り上げたという株価操作の罪では足りないと思ったのか、検察は恐喝であげようとした。

無一文同然となっていた小谷は、仕手株を仕込む資金として、数百億円を銀行から引っ張った。小谷は稲川会と交流がある。これを根拠に検察は、小谷は稲川会を使って銀行から数百億円を脅し取ったとのストーリーをつくり上げたんです。

どこの銀行が、恐喝されて二〇〇億も三〇〇億も出しますか。検察の組み立ては初めから意図的だった。「小谷による恐喝」は、明らかに小谷ひとりを狙うためのこじつけでした。

恐喝なら融資した銀行側は背任には問われない。しかも、おかしなことに、小谷と一緒になって恐喝したとされる稲川会の連中には何のお咎《とが》めもなし。恐らく稲川会と検察の間で何らかの取引があったのでしょう。

このとき、実は僕の周辺にも検察の手が伸びていた。小谷の仕手戦に田中も便乗して藤田観光の株で大儲けしたに違いない。これが特捜の読み筋で、親戚から始まって、僕の周辺にいた人間がシラミつぶしに調べられたのです。

しかし何も出てこなかった。当たり前です。小谷は僕に黙って、仕手戦をやっていたのだから。もし、彼から仕手戦の話を聞かされていたら、僕も間違いなく藤田観光の株に手を出していた。誰だって買いますよね。短期間にものすごく儲けられるのがわかっているんだもの。でも、何も知らされていなかったので、命拾いした。

誤解を生んだ検察官の暴行事件——田中

小谷の容疑が浮上した後、彼の会社「光進」の幹部はみんな取り調べを受けた。経理部長は気の小さいやつで、検事に連日締められ、「怒られるんです」と、取り調べのたびに僕に泣きついてくる。「そんなもん、我慢せんか」と僕は言っていた。

ある日、「今日、記録の資料を検事から投げつけられたんです。わざと当たらないように」と言うので、「ワシが検事だったら、当たっとるわい」。

大阪にいるときに、その経理部長から夜中、電話が入った。ろれつが回っていないので、「どうしたんだ」と訊くと、「検事に殴られて歯が折れたんです」と答える。これから病院に行くという。暴行されたとあっては放っておけない。ただちに検察庁に電話しました。

小谷の事件の主任検事は僕の一期下の検事。彼は現在、最高検の次長になっている。この男に、「あんた、知らんかもわからんけど、担当検事に経理部長が殴られた。ワシも長い間、検事やっとって、たいがいのきつい調べはやったけど、どついたことはないで。手をかけるなんて前代未聞や。外にばれたら、恥ずかしいぜ。今後、こんなことがないように気いつけてや」と忠告しておいた。

経理部長のケガは思いのほか重く、そのまま虎の門病院に入院。固形物が食べられないので、流動食を摂《と》っていたほど重傷でした。

小谷サイドは、この一件を検察との取引材料にしようとした。事件を表沙汰にしない代わり、小谷を逮捕しないよう検察と取り引きしてくれという。「そんなもんできるかいな。検事が殴ったことと事件は別や」と僕は断った。

退院した経理部長が殴られたときのケガの様子を写した写真を持ってきたので、僕は東京地検の特捜に出向き、副部長に写真を見せて、「これだけのことやられたんやで。でもワシがついとる限り、表沙汰にさせせんから、二度とないようにしてや」と再び釘を刺した。副部長も「ありがとう」と感謝していた。

収まりがつかなくなったのは小谷サイドです。「先生、どっち向いて仕事しているんですか。これだけのことをやられたんだから、検察と喧嘩してくれないと」「いや、暴行と逮捕見送りのバーターはできん」と押し問答になり、僕は解任されました。

その後、小谷サイドは、経理部長の写真を共産党に持ち込み、国会で問題にさせた。時の特捜部長が石川達紘。撚糸工連事件で、僕に捜査を命じたあの石川検事です。

石川は、小谷サイドの国会への写真の持ち込みを、「田中が陰に隠れてやらせた」と解釈した。一部の検事は「田中さんは、そんな人と違う」と言ってくれたらしいけれど、石川の力が強い。特捜の九割方が石川の見解になびいて、「田中は汚い」となりました。

国会で糾弾されたことをきっかけに、担当検事は特別公務員暴行陵虐罪で立件されて、逮捕こそされなかったが、辞職させられた。石川も会計課長に格下げ、その後静岡に左遷《させん》された。小谷の事件も起訴猶予になって、潰れました。

石川から直接、連絡はなかったけれど、石川の周囲から、「石川がえらい怒っている。『田中の野郎、汚い。事件を潰しやがって』と言っている」という声が聞こえてきた。「それは違う」と説明したが、信用されず、誤解は解けませんでした。

「お前は間違いなく狙われている」——田中

その後、親和銀行の不正融資事件が起きる。佐世保の親和銀行が、二部上場の宝石卸会社、エフアールに二〇億円の不正融資をしていたという疑惑が浮かび上がった。当時、この事件の捜査をしていたのが検事正の石川と、僕とは同期で、現在、ＳＥＣ（証券取引等監視委員会）の委員長をやっている佐渡《さど》賢一《けんいち》刑事部長でした。

僕は佐渡とも因縁があった。佐渡が手掛けた誠備グループの加藤暠の事件を、僕が潰した。佐渡も「田中は許せん」と言っていたそうです。

後でわかったことですが、この事件の狙いは、どうやら僕にあった。というのも、親和銀行もエフアールも、僕のクライアントだったからです。

佐渡刑事部長の下の副部長は、検事になるのは僕より遅れたが、大学の同期で友人の神垣《かみがき》清《せい》水《すい》。彼から聞いたところ、自分は捜査から外されているという。神垣にタッチさせると、僕に漏れると思ったのでしょう。

佐渡賢一

神垣からある日、「おい、田中、お前間もなく逮捕されるぞ。俺じゃあ、どうしようもない」という電話がかかってきました。こちらは、まだ、石川らが自分を狙っているなどとは思っていない頃だから、寝耳に水。

「なんでわし捕まらんといかんのや。アホなこと言うな。もし本当ならお前、辞表を叩きつけて、わしのところに来い」「そうもいかん」というやり取りをしたのを覚えています。

しかし、僕は不正融資にはまったく関与していなかったので、僕に関しては事件にならなかった。

それでも、後でゾッとした。逮捕、拘禁されて取り調べを受けたエフアールの鈴木義彦社長が釈放された後、こう言ってきたからです。

「えらく厳しくやられましたよ。留置されていた所轄の警察署から警視庁に呼ばれ、四課長まで出てきて、『ともかく何でもいいから田中の何かを言ってくれ。検察庁は何が何でも田中を捕まえろと言っている。検事正から指示が出ているんだ。責任は刑事部長がとるとまで言っている。だから、君が何も喋ってくれないと我々も困るんだ』と泣くようにして私に頼む。『先生はおかしなことは何もしていませんよ』と言っても、『それでもいいから何か言ってくれ』ですから」

この親和銀行事件が第一弾とすれば、第二弾は沖縄の事件でした。沖縄のある女性のご主人が亡くなって、相続の整理を依頼された。彼女から委任状を取り、物件を処理して、その代金で旦那の残した借金を払い、残ったカネを未亡人に渡した。ところが間もなくして、整理を手伝ってくれていた沖縄の友人が、私文書偽造、詐欺容疑で警察にパクられて、検察で調べを受

石川達紘

けた。

女性の財産を勝手に処分し、僕と山分けしたというまったく身に覚えがない容疑です。後で聞いてみると、捕まった友人は検察でこう言われたらしい。

「あんたは関係ない。許してやるから、田中のことを言え」

財産の整理にあたっては、すべて法律に則《のっと》った手続きをしているので、彼は容疑を否認、「裏をとってくださいよ。私は許してもらわなくてけっこうです。全部、法律通りの手続きなんだから、許してもらう筋合いはない。やれるものならやってくれ」と突っぱねた。

するとり勾留期限が切れる間近になった一五日目ぐらいから、「悪かった。このことは田中に言うてくれるな」と泣き落としてきたと言うのです。

これまた背筋に冷たいものが走りましたね。

石橋産業事件に巻き込まれた原因――田原

それからいよいよ石橋産業事件が舞台になる。この事件、非常に複雑でわかりにくい。最初はオーナーの石橋家の内紛ですね。

石橋産業は、若築《わかちく》建設や昭和化学工業、オーベクスなどの上場企業の持ち株会社。その総帥《そうすい》が亡くなり、跡を継いで会長になった次男の石橋浩と、妾腹の義弟、克規の間で持ち株を巡る争いが繰り広げられる。

義弟の克規は持ち株の一部をヤクザに担保に入れて、カネを借りていた。そのヤクザに流れた石橋産業の株を、三億円ほど払ってヤクザから引き出し、兄の浩に引き取らせようとした男がいた。ここで許永中が登場する。

男が、石橋浩に株を引き取らせる交渉の窓口になってもらおうと相談にいったのが、許永中だった。

話を聞いた永中は、「これは弁護士の仕事だ」と感じて田中さんに頼んだ。これが田中さんが石橋産業事件に関わった最初でしたね。

永中は、この話で一儲けを企んでいたんですか。田中さんは永中から相談を受けられて、どう感じた?

許永中がぶちあげた大型合併構想——田中

許永中のことだから、そりゃあ、何か魂胆はあったとは思いますよ。でも、直接、この件でカネを稼ごうとは思っていなかったようでした。石橋浩が義弟の株を持てば、主導権争いに勝ち、盤石《ばんじゃく》になる。多分、石橋産業に恩を売って、後日、なんかのときに役に立たせようと考えていたんじゃないですか。

ともあれ、永中から頼まれて、石橋産業へ株の買い戻し交渉に行ったんです、株を持ち込んだ男と。会長室に入ると、石橋と彼の義兄、林雅三ともうひとり、男がいた。男は見るからにヤクザ。後で知ったところによると、住吉連合の福田《ふくだ》晴瞭《はれあき》会長の秘書で、「田中が怖かったので呼んだ」ということだった。なんで、弁護士の僕が怖いのかわからんけれど。

そのときの話し合いでは、買い戻しに関しては、基本的に拒否され、こちらが金額五億円を提示したに留《とど》まりました。石橋側は、後日、改めて返事をするという含みをもたせた回答です。

その一部始終を永中に報告し、帰りしなエレベータの前でもらった住吉連合の男の名刺を見せると、永中が驚いて言った。

「こりゃあ、俺の弟分の福田のところの者じゃないですか。福田がからんでいるのなら、話はどうとでもつく。後は私に任せてください。先生、ごくろうさんでした」

これが平成八（一九九六）年の一月。この時点で僕はいったん用済みになり、四月に契約書づくりを依頼されるまでは、この件にはまったく関わりがありませんでした。

その間、永中と福田、林の三人で話し合いが持たれたようです。これまた永中らしいんですが、その過程で、石橋側に夢のような話を持ちかけた。

石橋産業の傘下にある若築建設は海に強い建設会社、いわゆるマリコン。いっぽう、永中は陸のマンション業者である新井組の株を、キョートファイナンスに担保に入れていました。

そこで永中は、この海の若築と陸の新井を合併させて、総合ゼネコンをつくろうという構想をぶちあげたんです。

でも、永中の持つ新井組の株はキョートファイナンスに担保に取られている。ここでまた永中は知恵を働かすんですね。林をキョートファイナンスの社長にして、うまくやろうと考えるわけですよ。キョートファイナンスの一番の債権者は永中、同時に永中は不良債権を最も抱えている男。つまり、一番の債権者であるとともに、債務者という永中らしい立場にあった。

永中以外のキョートファイナンスの大口債務者は、会津小鉄会の高山登久太郎と同和団体。誰も回収できない債権でした。永中の頭のなかには僕があったようです。林を社長にして、僕が代理人になって債権を回収するという構想です。

後でこの話を聞いた僕は、おもしろいなと思った。たいへんなことをやるのは好きなんですよ。あえて火中の栗を拾いたがるところが僕にはある。誰もできない債権の回収をやってやろうじゃないかと、意欲を燃やしていました。

永中の大型合併構想には石橋も乗り気だったと聞きました。永中は口がうまいですからね。あんたの会社を一流のピカピカの会社にしてやるとか、いろいろ言ったんでしょう。しかし、永中は騙《だま》そうという気があったわけではなく、本気なんですね。合併に向けて政界工作もやった。先にお話しした通り、当時の建設大臣の中尾栄一に石橋を会わせるなど、各方面に尽力していましたよ。

亀井静香はカネをもらっていたのか――田原

話は脱線しますが、そこを聞きたい。許永中と石橋が建設大臣の中尾に会うんだから、なにがしかのカネは持っていっているはずですよね。

中尾は、実際、二〇〇〇年の総選挙後、現職大臣のときに、永中から三〇〇〇万円受け取ったとして、建設汚職で逮捕されている。

石橋と永中は竹下にもカネを渡していますね。石橋は七〇〇〇万円のカネを持って、島根に行き、竹下に選挙資金として渡した。竹下サイドも認めたが、こちらは選挙資金なので汚職に問われなかった。しかし、多額のカネが動いていたのは事実だ。

亀井静香

　このふたりだけですか、永中からカネをもらったのは。亀井静香はどうですか。新聞が連日、亀井と永中の黒い関係を報道し、金銭の授受が取り沙汰《ざた》されていましたね。

中尾や竹下にカネがいったのなら、永中とは密接な関係にある亀井にも石橋のカネが渡っていると考えるのが自然だ。永中の盟友、亀井は永中から、正確には石橋の財布からなんでしょうが、カネを受け取っていたのですか。

弟分と公言している亀井は立派——田中

石橋側の主張では、中尾と同額程度を亀井に渡したことになっています。林が、「永中さんと一緒に亀井さんにカネを持っていった」と証言している。

しかし許永中は、「どうして亀井さんにカネをやらなければならないの。ワシは行ったことはない」と否定しています。

もっとも、永中と亀井の仲ですからね。たとえカネが渡っていても、永中は喋らんでしょうが。

仮に亀井がカネを受け取っていても、中尾のケースとは違う。中尾は当時、現職の建設大臣です。職務権限があるわけですから、収賄罪を適用されても仕方がない。事実、永中には、認可や仕事面での便宜を図ってもらおうという意図があったと思いますよ。

しかし、亀井の場合は、明確な職務権限がない。せいぜい引っかかっても政治資金規正法違反でしょう。

僕はむしろ、亀井は立派だと思いますよ。永中の事件が騒がれたとき、亀井は永中との関係を隠さなかった。「永中は俺の弟分だ」と公言して、親密な関係にあることを認めていた。あれだけのバッシングを受けても。

永中が接近した自民党の政治家は数限りなくいる。親しかった政治家も十指ではきかない。当然、カネももらっているはずだ。なのに、他の政治家は、みんな「そんな人物は知らない」とシラを切り続けた。亀井ひとりですよ、永中との関係を認めたのは。世間の評価はどうであれ、僕は総理・総裁候補になっただけのことはある素晴らしい人だと思っていますよ。

二〇〇億円の手形を巡る騒動——田中

話を戻すと、僕が関わっていない間に、許永中は、大型合併の話を石橋に持ちかけながら、石橋産業から資金としてカネを引っ張った。八五億円です。知恵が働く永中は石橋を手なずけるため、うち二五億円をキックバックした。石橋は、当時、離婚問題を抱えていて、カネが欲しかったので、渡りに船だったようです。

そして、永中は若築建設と新井組の合併実現のために動き始める。永中の新井組株を引き取るにあたって、キョートファイナンスにカネを入れる必要がある。そこで約二〇〇億円の手形を振り出すことになった。

しかし、石橋産業から振り出したのでは、世間が騒ぐ。若築建設と新井組の大型合併かということで、変に株価が急騰する恐れがある。それを避けるために、林が経営していたエイチ・アール・ロイヤルから振り出し、世間の目をごまかそうとしたんです。

でも、林のロイヤルは、小さな建設業者。二〇〇億円の手形を出すといっても、キョートファイナンスも受け取れない。石橋産業の裏書が条件になった。結果、石橋産業が裏書したロイヤルの二〇〇億円の手形が、キョートファイナンスに渡り、永中は新井組の株を担保から引き出せた。

しかし、手形は落ちなかったので、キョートファイナンスは裏書をした石橋産業を相手取って民事訴訟を起こし、それがきっかけで刑事事件になったんです。

石橋、林側の主張から言うと、手形の裏書にあたっては、「永中が決済をやると約束した。石橋産業は銀行に信用をつけるために名義を貸してくれるだけでいいと、まるめこまれて騙された」というもの。

キョートファイナンス側は、「永中が、石橋産業が責任を持つと言ったので受け取った」。だから石橋産業に対して民事訴訟を起こしたわけです。しかし石橋産業側は、「永中に騙されたのだから、払えない」と支払いを拒否するわけです。

いっぽう永中側では、「そんな事実はない」と反論している。

これだけ見ると、石橋側の言い分が正しいように思われるかもしれないけれど、この石橋側の証言はおかしい。だってそうでしょう。永中にはカネがないのを知っているんですよ。永中が責任を持つといっても、誰が信用しますか。

詐欺の現場にいたから共謀というでっち上げ――田中

じゃあ、なぜ、そんな証言になっているかと言えば、検察は僕が関わっていることにしたかったからです。

検察のストーリーでは、僕の事務所の応接室で許永中と僕が詐欺を働いたことになっている。

永中、林、僕の三人が僕の事務所の応接室で集まって、林が東京にいる石橋に電話をした。林は、実質、永中が決済するのだからと石橋を説得しようとしたが、石橋は承知せず、永中が代わって出て、石橋にOKさせた。調書では、林と石橋がそう喋ったことになっている。

田中森一は、その詐欺の現場に一緒にいた。倫理規範、法規範を守るべき弁護士が、詐欺の現場に立ち会った。この状況から、田中は永中と共謀して詐欺を働いた疑いが極めて濃い。共犯だ。

永中は、石橋には「俺が決済する。あんたのところは形だけだ」と言い、キョートファイナンスには「石橋産業が決済する」と騙した。それに一枚嚙んでいたのが田中で、田中は石橋とキョートファイナンス側を会わせると詐欺がばれるので、会わせないよう画策した。永中と田中が共謀していたことは、田中が詐欺の現場にいたことからも明白だ、というのが検察側の筋書きだったんですよ。

僕にはまったくそんな記憶がない。検察側は、僕の事務所から東京の石橋に電話した通話記録を出してきたので、電話をしたのは事実だったのでしょう。しかし、少なくとも検察の言うような話をした覚えはまったくない。

つまり、検察が僕をやるためにでっち上げたつくり話に、石橋と林が乗ったとしか考えられないのです。

矛盾のある通話記録――田原

争点となった応接室からの電話に対して、田中さんは次のように反論していますね。検察が石橋に電話したとする通話記録は三分五九秒。上場企業の経営者である石橋が、手形の裏書の意味がわからないわけはない。たった三分五九秒の電話で、そんな重要な事項を、石橋が納得して受けるわけがない。

しかも、許永中が電話に出る前に林が話しているのなら、永中が話した時間は非常に短いはず。そんな短時間に、二〇〇億円もの手形の裏書を承知させられるはずはないと。

林の供述によってつくられた調書のなかにある、永中がそのとき、石橋と話したとされた会話を検事が棒読みしても、三分四〇秒かかった。林が先に電話に出ているのだから、物理的にも説得は不可能じゃないかと。

事務所の電話回線も反論にあげている。四回線あって、代表が一回線、後の三回線を外線として使っている。検察側が提出した発信記録では、代表回線から電話をしたことになっている。通常、代表回線は受信専用にあけてあって、長引きそうな用件は外線を使う。応接室では、外線しか使わない。

代表回線からかけたというのなら、事務員の机からかけたことになる。実際、永中についていた秘書が、そのときのことを覚えていて、田中さんの事務員が石橋に電話をし、林がかわって、彼が「明日、東京に行く」といった短い用件を石橋に伝えただけだったと言っている。こう主張していますね。

裁判所は、田中さんの言い分をどう判断したんですか。

ちらつく因縁の検事の影――田中

聞く耳持たんのですよ。調書の許永中の会話の件については、「通常、検事の調書は、普通に言うより長きにわたる」ですよ。じゃあ、調書は嘘をついているということじゃないですか。この裁判所の判断はおかしいですよ。

代表電話の件についても、代表回線のボタンを押せば、応接室からかけられるじゃないか、永中の秘書の話なんか信用できない、で終わりです。

検察も僕が嘘つきだという印象を持たせるよう作戦を練ってきますからね。たとえば、僕が初めて石橋産業に交渉に行ったときにいたヤクザ。林と石橋の供述では、いなかったことになっているんです。僕が信用ならない男だというイメージを与えるために。

電話の件で言えば、もっとおかしなことは、石橋産業とキョートファイナンスの間で争われた民事訴訟では、この件が一切触れられなかったという事実です。電話をしたとされる翌日のことだけが争点となった。

なのに、なぜ刑事では電話の話が出てきたのかと言えば、民事で争点になった話では、僕が関係なくなるからです。そこで僕は、「なんで民事で出ないことが刑事で出てくるんだ」と矛盾をついたけれど、裁判所は、「民事は銭金の問題、刑事は体がかかっている。刑事で言うことが正しいんだ」と、これまた取り合ってくれない。

しかも、民事の一回目の告訴では、僕の名は一言も入っていない。刑事で僕が逮捕された後に行われた二回目の告訴から、永中と僕の共謀が盛り込まれた。

検察は、何がなんでも僕をあげたかったんでしょう。

うがった見方をすれば、永中をやりたいのであれば、永中が石橋産業から八五億円食った時点でやればいい。あきらかに、石橋、林、永中の三人は背任行為を働いているのだから、有罪にするのは簡単です。実際、多くの法曹関係者が、この事件の本質は三人による背任だと見ていた。しかし、それじゃあ、僕が引っかからないので、検察は詐欺を持ち出してきたんだと思いますよ。

当時、僕を付け狙っていると言われていた石川達紘は静岡に飛ばされていた。もっぱら石川の遠隔操作だとの噂でした。

元鬼検事はなぜ検察の罠にはまったのか――田原

田中さんは検察時代、鬼検事と言われた。弁護士になってからも、さまざまなテクニックを駆使して、検察の虎の子の事件を潰してきた。そんな敏腕検事、優秀な弁護士の田中さんが、なぜ、自分の事件では実刑を受けてしまうんですか。

しかも、検察がつくりあげたストーリーは、詐欺の現場にいたというだけの根拠しかない。それだって、電話に田中さんが直接出て、石橋を騙したというわけでもない。われわれの感覚から言えば、どうして詐欺に加担したとなるのか、どうもわからない。田中さんのように検察の表も裏も知り尽くした人が、いともやすやすと検察のストーリーにはまって、むざむざと実刑判決を受けたのが、ピンと来ないんですよ。

検察が起訴すれば、九九%以上は有罪ですが、田中さんなら抜け道を探すことができたんじゃないですか。田中さんほどの人が、冤罪なのに実刑判決を下されるのなら、我々普通の人間はどうしようもない。検察に狙われたら、冤罪であろうと、必ず有罪にされてしまうことになる。救われませんよ。

はるかに有利な法廷戦術はあったが——田中

少なくとも、僕がとったやり方よりも、公判をはるかに有利に進められる戦術はありました。

僕の裁判を、許永中とは切り離して戦うのです。検察の主張では、田中は許永中と密会・謀議して詐欺をやったことになっている。でも、僕は永中と謀議をやったことなど一度もありません。だから、検察が、密会・謀議を立証するのはむずかしい。たとえ永中が詐欺行為を働いたとしても、僕は利用されただけだと主張すれば、一番無罪になりやすい。

実際に、僕のことを心配した元同僚検事や弁護士から、そうアドバイスされたことは何度もありました。

でも、僕は永中と分離して公判に臨もうとは思わなかった。永中を裏切るのも嫌だったけれど、それよりも僕自身を裏切ることになると思ったからです。

永中に詐欺行為はなかった。石橋を騙してなんかいない。僕は無罪だと信じているんです。永中は、若築建設と新井組を合併させて、一流のピカピカの建設会社を本気でつくりあげるつもりだったと。

それが真実だと信じて疑わない――。

なのに自分が助かりたいためにテクニックに走ったらどうなりますか。永中も裏切ることになるし、自分の信念も曲げることになる。僕は、「事実はひとつ、その事実は曲げることはできない」を信条に生きてきた男ですよ。検事だったときも、弁護士になって以降も。

自らが、事実を曲げてしまうと、これまで歩いてきた自分の人生も否定することになってしまうじゃないですか。

最高裁の判決はどうなる――田原

これまでの例から言うと、最高裁の判決が田中さんに下るのは、二〇〇八年の春頃の可能性が高い。

田中さんは二審で懲役三年の実刑判決を受けている。田中さんが、未決で勾留された期間が一五〇日。それを差し引いても、二年半ほどは服役しなくてはならないわけでしょう。仮釈放があったとしても、長い間塀の中で拘束される。

もう田中さんも六〇歳を過ぎていらっしゃる。普通なら、そろそろのんびりと余生を過ごそうかというお年ですよ。年齢がいってからの受刑生活は決して楽じゃないでしょう。年齢を重ねていくと、若い人たちよりも、一日、一日が大切になる。そう残された時間があるわけじゃないですしね。

しかも、犯罪者の汚名を着せられることにもなるし、弁護士バッジも剝奪《はくだつ》される。僕が田中さんの立場だったら、死に物狂いでなんとか無罪になろうとあがくかもしれない。

負ける可能性が高くとも、真実に殉《じゅん》じて、潔く戦って散るという覚悟を持てる自信はないなあ。

弁護士バッジを返上する理由——田中

僕だってそんなに強くはない。起訴されてからの一ヵ月は塗炭《とたん》の苦しみの連続でしたよ。自分の人生すべてが潰されたような気になりました。そんなときに拘置所にいる僕に、知人が中村天風《なかむらてんぷう》の本を差し入れてくれた。そのなかに、「世の中は心一つの置き所、人生は心一つの置き所」という言葉があった。

考えようひとつによって、どうにでもなる。とにかく前を向いて生きなさいという教えです。僕も、「このまま死んだら、笑い者になる、たとえ有罪になってももう一回、生き直そう」

と思いました。

最高裁の判決を待つ身ですからね。今も精神的に不安になることはしょっちゅうです。どうせ刑務所に入れられるんだから、何をやっても無駄だと、ついマイナス思考になるときも多い。だから、天風の本を何度も読み直して、自分を勇気づけている。

弁護士会は、いまのところバッジを返せとは言ってきていません。僕の裁判に疑問を感じていることもあるのでしょう。しかし、いずれにしても、最高裁から判決が下ったら、僕は弁護士バッジを返上するつもりです。

僕は今回の事件を通して、自分は弁護士失格やなあと思った。

たとえば、林がキョートファイナンスの社長になって、僕が彼と一緒に会津小鉄会や同和団体からの債権回収をやるというスキーム。僕はその構想を聞かされたときに燃えた。先にも述べたように、誰にもできんと言われることにチャレンジするときには、闘志が湧いてくるほうだから。

このときは銭金の問題やないと思って、許永中から着手金も委任状も取らなかった。これは弁護士としてはルールから外れている。着手金も委任状も取っていないのだから、仕事としてやったのではなく、詐欺の片棒を担いだのだとこじつけられても仕方がない部分もある。

つまり、僕にも弁護士として落ち度があった。そこを検察から突かれて有罪になったわけで、だからこそ、潔く刑に服そうと思っているのです。

終わったことに泣き言は言うまい。今回の事件は、僕に別の生き方を与えてくれたのだと、いまは割り切っています。

これからは「田中森一」というひとりの男として生きながら、世の中に貢献していこうと考えています。

あとがき――自分の尺度に合わなければ悪とするエリートたち（田中森一）

二〇〇七年六月に上梓《じょうし》した『反転　闇社会の守護神と呼ばれて』が思わぬ反響を呼んだ。人口に膾炙《かいしゃ》されたのは著者として喜びではあるが、私があの本の執筆を決心したのは、検察の暗部を暴露したかったからでもなければ、私に降りかかった冤罪《えんざい》をあまねく知ってもらうためでもない。

私は自分の生き様として弁解しないことを信条として貫いてきた。事件に関しても、たとえ身に覚えがなくとも、それを声を大にして言えば言い訳になるので、口をつぐんだまま刑を甘んじて受けようと覚悟を決めていた。

ところが、半年ほど勾留《こうりゅう》されたあと出所すると、山口組のそこそこ名の通った親分三人が尋ねてきて、「先生、カネ貸してや」と言う。「なんでや」と問い返すと、「先生も弁護士のバッジをかけてやっているんやから、許永中から四〇億や五〇億もろおてるでっしゃろ」。

――これが世間の受け止め方だと知って暗然とした。

そのうちに私の親族にも非難が集まるようになり、父や母に買った故郷平戸《ひらど》の家についてまで、「あれは汚れたカネで建てた」と、陰口を叩く者まで出てきた。せめて周囲の者の誤解だけは解いておきたいと思い始め、執筆したのが、最初で最後の自著『反転』だった。

今回の本は、私流に言えば、田原総一朗というマスコミの鬼検事にとられた被疑者、田中森一の供述調書である。田原検事には、包み隠さずお話しした。

私について理解しがたいところがあるとすれば、恐らく、悪を懲らしめる側である検事から、世間で言うところのいかがわしい悪党や、クズと呼ばれるヤクザ者の弁護側に、私が文字通り「反転」したからだろう。

実際、田中は二重人格だ、五重人格だと誹謗《ひぼう》されたこともあった。田原検事が矛盾ではないかと舌鋒《ぜっぽう》鋭く私に迫ったのもこの点だった。

しかし、私は自分自身は何も変わっていないという確信がある――。

人は生まれ落ちる場所を自ら選択できない。ある者は裕福な家に生まれ、ある者は悲惨な環境で生を受ける。私が接してきた多くのバブル紳士やヤクザ者は、大方《おおかた》が後者だった。人よりも大きなハンデを抱えながらも、どのような形であれ、世に知られる存在になった人間たちである。

私はそこに人並み外れた生命力と才覚を見出し、惹《ひ》かれた。

バブルという時代は、徒手空拳ではあるが才覚のある人間に、千載一遇のチャンスを与えた。しかし、大蔵省による総量規制通達という一枚の紙切れによって、風向きが変わり、彼らはペテン師にされてしまった。あえて誤解を恐れずに言えば、浮かぶ瀬もない今の時代よりも、私はあの頃が好きだ。

夢や野望を抱いた若者には誰にでもチャンスがあった、あの時代が。

今もバブル期とは寸分違わぬ経済事件が起きている。しかし、ただひとつだけ違う点がある。村上ファンド事件の村上世彰も、ライブドア事件の堀江貴文も、東大出のエリートである。

検察庁の独善的な暴走の裏にも、現在の社会構造が密接に絡んでいると思っている。現在、法科大学を出るには年間二〇〇万円の授業料を必要とする。しかも、今は子供の頃からみんな私塾に通っている。この時代に生まれていれば、貧しい家に生を受けた私は、検事にはなれなかっただろう。

検事の世界にも、恵まれた生活しか知らないエリートが年々、増えている。この本に登場する「悪魔」たちの予備軍である。彼らは人情の機微もわからず、自分たちの尺度に合わなければ悪と決めつけ、切り捨てる。これが今の検察のいびつな国策捜査を生んでいるのではないか、と考えている。

毎年、多くの自殺者が出ている。四〇代、五〇代の働き盛りの父親がいなくなり、高校を中退しなくてはならなくなった若者がたくさんいる。

こんな、経済的に苦しくなったがゆえに、夢を諦めざるを得なくなる若者たちを、私は支援したいと思っている。

私は検事時代、「鬼検事」と呼ばれた。弁護士になって「闇社会の守護神」となった。第三の人生は貧しい子らに捧げたいと夢見ている。

起訴されたら九九・九%有罪になる日本の裁判。私もそう遠くない日に、入獄することになるだろう。そうして娑婆《しゃば》に出てきたら、私は弁護士を辞める。恵まれない若者たちへの奨学金を提供する財団をつくるためだ。

二〇〇七年一一月

田《た》中《なか》森《もり》一《かず》

本文写真提供　共同通信社、講談社資料センター

著者略歴

田原総一朗（たはら・そういちろう）
一九三四年、滋賀県に生まれる。早稲田大学文学部を卒業後、岩波映画社、東京12チャンネル（現・テレビ東京）を経て、フリーのジャーナリストとして独立。政治、経済、検察、マスコミなど幅広い分野で時代の最先端を取材。活字と放送の両メディアにわたり精力的な評論活動を続けている。
著書には『正義の罠』（小学館）、『日本のカラクリ21』（朝日新聞社）、『僕はこうやってきた』（中経出版）、『戦後最大の宰相　田中角栄〈上〉〈下〉』『日本の戦後〈上〉〈下〉』（以上、講談社）などがある。

田中森一（たなか・もりかず）
一九四三年、長崎県に生まれる。岡山大学法文学部在学中に司法試験に合格。一九七一年、検事任官。大阪地検特捜部などを経たあと、東京地検特捜部で、撚糸工連事件、平和相互銀行不正融資事件、三菱重工ＣＢ事件などを担当。その辣腕ぶりが「伝説」となり、名声を博す。一九八七年、弁護士に転身。二〇〇〇年、石橋産業事件をめぐる詐欺容疑で東京地検に逮捕、起訴され有罪。現在上告中。
著書にはベストセラーになった『反転　闇社会の守護神と呼ばれて』（幻冬舎）がある。

検察《けんさつ》を支配《しはい》する「悪魔《あくま》」
二〇〇七年一二月五日　第一刷発行
著者――田《た》原総一朗《はらそういちろう》・田《た》中森一《なかもりかず》
カバー写真――渡部純一
装幀――鈴木成一デザイン室

発行者――野間佐和子　**発行所**――株式会社講談社
東京都文京区音羽二丁目一二―二一　郵便番号一一二―八〇〇一
電話　編集〇三―五三九五―三五二九　販売〇三―五三九五―三六二二　業務〇三―五三九五―三六一五
印刷所――慶昌堂印刷株式会社　**製本所**――黒柳製本株式会社
落丁本・乱丁本は購入書店名を明記のうえ、小社業務部あてにお送りください。送料小社負担にてお取り替えします。なお、この本の内容についてのお問い合わせは生活文化第二出版部あてにお願いいたします。
ISBN978-4-06-214453-7
定価はカバーに表示してあります。